반전 있는 조선 역사

초판 1쇄 발행 2025년 5월 10일

글 문부일   **그림** 신병근, 박보은
펴낸이 정혜숙   **펴낸곳** 마음이음

책임편집 이금정   **디자인** 김세라
등록 2016년 4월 5일(제2016-000005호)
주소 03925 서울시 마포구 월드컵북로 402, 9층 917A호(상암동 KGIT센터)
전화 070-7570-8869   **전자우편** ieum2016@hanmail.net   **팩스** 0505-333-8869
블로그 https://blog.naver.com/ieum2018   **인스타그램** @mindbridge_publisher

ISBN 979-11-94494-07-2 43910
        979-11-960132-5-7 (세트)

반전 있는 조선 역사

문부일 글 | 신병근 그림

마음이음

차 례

3장 오늘날과 똑같은 조선 시대

1장

반전 있는 인물들

정조가 소설 금지령을 내렸다고?

요즘 로맨스 소설에 빠졌다며? 주인공이 된 것 같아 가슴이 심하게 두근거린다고? 진정해. 심장 뛰는 소리가 들리는 것 같아.

소설, 드라마, 웹툰, 영화, 만화 등 재미있는 이야기를 싫어하는 사람은 없을 거야.

북한에서도 우리나라 드라마에 빠진 사람이 늘고 있어서 공안 당국이 철저하게 단속하지만 막기 어렵대. 이야기에 빠지면 결말이 궁금해 견디기 힘들잖아. 그게 바로 이야기의 힘이야.

조선 시대에도 소설 읽는 걸 금지한 왕이 있었어. 누구냐고? 믿기 어렵겠지만, 성군으로 알려진 정조야. 그 까닭이 궁금하다면 소설만큼 흥미로운 역사 속으로 함께 출발해 보자.

조선 초기에는 소설을 한문으로 써서 양반이 아닌 백성이나 여성은 읽기 어려워서 널리 퍼지지 않았어. 그리고 유교 경전만을 으뜸으로 치던 유학자들은 소설 내용이 유교 이념과 맞지 않다며 부정적으로 보았어. '남녀칠세부동석'을 외치며 부모님이 혼인 상대를 정해 주던 시대였는데, 남녀가 자유롭게 연애하는 이야기를 받아들이기 어렵잖아.

이렇게 유학자들은 소설책을 "불경스럽고 근거 없는 말로써 성문(聖門, 유교)에 죄를 짓는다."고 비판했어.

유학자들의 비판에도 불구하고 조선 후기, 본격적으로 한글 소설이 나오면서 소설이 인기를 끌었어. 한글을 깨우친 백성과 여성이 소설의 주요 독자가 된 거야. 당시 인기 있던 대표적인 작품으로 『구운몽』, 『사씨남정기』, 『춘향전』, 『흥부전』, 『심청전』 등이 있어. 여러분도 아는 작품이지? 또 청나라에서 많은 소설이 조선으로 들어왔어.

영조도 소설 마니아였다고 해. 그래서 청나라에 가는 사신들에게 소설을 구해 오라고 부탁할 정도였지. 영조의 아들이자, 정조의 아버지인 사도 세자도 소설에 빠져 살았다고 해.

이렇게 소설 독자가 늘어나니 책과 관련한 일을 해서 돈을 버는 신종 직업이 생겨났어.

'책쾌'는 독자가 원하는 책을 구해서 배달해 주는 장사꾼이야. '책비'는 책을 읽어 주는 여성 노비로 주로 양반가 여성들 앞에서 책을 낭독했지. 독자들의 눈물을 닦는 '짠보 수건'을 많이 적실수록 수입이 짭짤했대.

'전기수'는 소설을 외워서 장터에서 실감나게 들려주는 직업이야. 요즘으로 치면 성우나 배우라고 할 수 있어. 물론 공짜가 아니었지. 낭독 공연을 봤으니 돈을 내야 해. 인기 전기수는 돈 많은 양반집에

초대받아 이야기를 낭독하고 두둑하게 돈을 챙겼어.

　조선 후기, 실학자 이덕무가 전기수와 관련해서 충격적인 일을 기록했어.

어떤 사내가 전기수가 읽어 주는 역사 소설을 듣고 있었다. 그런데 영웅이 실의에 빠진 대목에 이르자 돌연 눈을 크게 뜨고 입에서 거품을 내뿜더니 칼로 전기수를 찔러 그 자리에서 죽이고 말았다.

　전기수의 연기력이 얼마나 뛰어났으면 이야기에 빠져 실제로 살인까지 했을까.

　이렇게 날이 갈수록 소설의 인기는 식을 줄을 몰랐어.

　돈을 벌 수 있으면 산업으로 이어지는 법! 소설책을 만들어서 파는 출판사 같은 곳도 많이 생겨났어. 그 덕분에 더 많은 사람이 소설을 접할 수 있게 된 거야. 조선판 문예 부흥, 르네상스가 시작되었다고 하면 과한 표현일까?

　당시에는 책이 비쌀 때라서 대부분은 '세책점'에서 돈을 내고 소설을 빌려다 읽었어. 그러다가 책을 빌리는 데 돈을 너무 많이 써서 재산을 탕진하는 여성들이 나오기 시작한 거야.

　실학자 이덕무는 소설 열풍을 신랄하게 비판했어.

집안일을 내버려두고 소설을 빌려 보는 것에 정신이 팔려 가산을 탕진하는 사람도 있다. 소설 속 이야기는 모두 투기와 음란한 내용이다. 요즘 부인들의 방탕함과 방자함이 여기서 비롯됐다.

그런데 백성들은 왜 소설에 열광했을까? 아마도 소설 속 인물들을 보며 대리 만족도 하고 애달픈 사연에는 공감을 해서 그런 게 아닐까? 예를 들어, 서자 출신인 홍길동의 활약을 보면서 자신도 신분제에서 벗어나 맘껏 꿈을 펼치는 모습을 상상했겠지. 이런 마음을 카타르시스라고 해. 조선 사회에서 억압받던 백성과 여성은 소설을 읽으며 힘든 시간을 견디는 힘을 얻었던 거야.

유학자들도 소설 읽기를 즐겼어. 재미있는 이야기를 싫어하는 사람은 없을 테니까.

규장각에서 일하던 젊은 학자 김조순은 소설책을 보다가 정조에게 발각되었어. 그 책은 청나라 소설 『평산냉연』이었는데, 남녀가 연애하는 이야기였어. 이에 정조는 젊은 학자들이 소설에 빠졌다며 김조순을 파직시키고 소설 읽기를 금지했어.

그렇다면 정조는 왜 소설을 싫어했을까? 소설의 주요 내용과 이야기의 힘 때문이야. 만약 소설의 줄거리가 공자님 말씀을 마음 깊이 새기기, 왕에게 충성하기, 새벽부터 소처럼 우직하게 열심히 일하기, 이랬다면 사람들은 소설을 거들떠보지 않았을 거야. 가르침, 교훈 이런 것을 좋아하는 사람은 별로 없을 테니까. 학생들도 교과서를 가까이 하지 않으려고 하잖아.

그런데 소설의 주요 소재는 남녀 간의 연애, 신분을 뛰어넘는 사랑, 귀신의 복수처럼 흥미진진한 것들이 많았어. 정조는 그런 재미있는 소설 속에 담긴 사회의식, 주제 등을 두려워했던 거야.

백성들이 『춘향전』을 읽다 보면 남녀의 자유로운 연애를 꿈꾸고, 신분제의 문제점을 생각할 테고, 그러면 조선 사회가 갑갑해지겠지? 백성들은 소설을 읽으면서 자연스럽게 세상을 바꿔야겠다는 씨앗을 마음에 품기 시작해. 정조는 그 지점을 걱정했던 거지.

그렇다면 정조의 소설 금지 정책은 성공했을까? 당연히 실패했지. 문화와 예술은 그 사회의 흐름을 예민하게 담고 있어서 국가가 강제로 막을 수가 없어.

조선 후기, 이미 백성들은 양반의 가르침을 받아들이는 '착한 백성'

에서 벗어나 문화와 사회의 주체로서 성장하고 있었어. 소설 속 주인공처럼 자신들도 이 세상에 목소리를 내며 자유롭게 살겠다는데 그것을 어떻게 막을 수 있었겠어?

만약 정조가 백성들이 왜 소설을 좋아하는지 그 마음을 깊이 헤아렸다면 어땠을까?

사회 변화를 원하는 백성들의 뜨거운 열망을 국가 정책에 반영했다면 조선은 다른 결말을 맞이했을 수도 있어. 정조가 통치하던 그때, 프랑스에서는 대혁명이 일어나 자유와 평등을 외치고 있었으니까.

정조는 조선의 보수적인 사회 시스템을 유지하면서 백성들이 잘살 수 있도록 정책을 펼쳤지만, 그것만으로는 한계가 컸어. 근본적인 대개혁이 필요하다는 백성들의 간절한 목소리가 소설 열풍에 담겨 있었지만 그걸 외면했던 거야.

사소해 보이는 이야기 속에 어마어마한 것들이 담겨 있어서 놀랍다고?

요즘 어떤 드라마를 즐겨 봐? 그 드라마가 왜 재미있는지, 드라마 속 어떤 인물이 좋은지, 그리고 우리 사회를 어떻게 반영하고 있는지 분석해 봐. 많은 것을 배울 수 있고, 훗날 드라마 작가가 될 수 있을지도 모르잖아. 그렇게 된다면 제발 드라마에 출생의 비밀은 넣지 말아 줘!

왜 좋은 소설을 읽어야 하는지 그 까닭을 더 알아볼까?

다양한 이유가 있겠지만 그 가운데 소설에 나오는 인물을 보며 간접적으로 여러 삶을 마주할 수 있지. 그러면 자연스럽게 내가 몰랐던 사람들의 고민, 아픔 등을 공감할 수 있게 돼. 예를 들어 학교 폭력 피해자의 아픔을 담은 소설을 읽은 청소년은 훗날 친구가 학교 폭력을 당하면 외면하지 않고 도와줄 수 있겠지.

요즘 우리 사회를 소통이 안 된다고 흔히 말하잖아. 타인한테 무관심하고 자신한테만 집중하는, 자기중심적인 사람이 많아 갈등이 늘고 있어. 친구들이나 주변 어른들, 또는 이웃이 어떤 상황인지, 왜 힘든지 모르고 자기주장만 옳다고 내세우면 그 사회는 다툼이 많아져. 그러면 결국 본인이 힘들어지고 나아가 우리 사회가 혼란에 빠져.

그래서 어릴 때부터 좋은 문학 작품을 많이 읽으며 작품 속에 등장하는 다양한 사람들과 만나는 연습을 권하는 거야. 좋은 책 100권, 이런 추천 도서 목록에 소설을 비롯한 문학 작품이 가장 많은 이유야.

두 번째는 소설을 읽으면 마음에 쌓여 있는 억압을 해소할 수 있어.

좋은 작품을 읽다가 이야기나 인물에 공감하면 갑자기 눈물이 날 때가 있잖아. 그 마음을 카타르시스라고 하는데, 자신의 마음 어두운 구석에 쌓여 있던 서러움, 아픔, 억압 등이 씻겨 내려가는 거야.

자신도 모르게 쌓였던 어두운 마음을 잘 해소해야 심리적으로 건강한 사람이 돼. 드라마나 영화, 음악을 감상하면서도 카타르시스를 경험할 수 있지. 그래서 좋은 예술 작품을 많이 접하여 공감과 감동 등 다양한 감정 경험을 하는 게 중요해.

장사를 해서 돈을 번 세자빈이 있었다고?

요즘 역사 드라마에 빠져 살아서 역사 상식이 풍부해졌다고? 드라마도 보고 공부도 하고, 일석이조네! 그런데 주인공이 누구야? 잘생긴 왕세자 오빠라고? 왕세자는 왕자 중에서도 다음 왕의 자리를 물려받을 아주 중요한 분이지. 세자의 부인은 세자빈이라고 불러. 당연히 세자와 세자빈은 궁궐에서 최고의 대접을 받으며 편히 살았을 거야. 몹시 부럽네.

그런데 농사를 짓고, 장사도 하면서 돈을 번 세자빈이 있었어. 궁궐 안에 논밭이 없는데 어떻게 농사를 지었냐고? 그리고 여자가 집 밖으로 나가 일하기 어려운 조선 시대에 어떻게 세자빈이 장사를 했냐고?

그 일을 멋지게 해낸 분을 소개할게. 소현 세자의 부인 강빈이야! 천둥 번개 같은 박수, 부탁해!

강빈을 이야기하기 전에 소현 세자부터 알아야 해. 소현 세자는 인

조의 큰아들이야. 동생은 봉림 대군인데 훗날 왕위에 올라서 효종이
돼. 그런데 소현 세자는 지금까지도 세자로 불려. 그 이유는 왕이 되
지 못하고 일찍 세상을 떠났기 때문이야.

소현 세자와 강빈을 이야기하려면 아버지인 인조를 알아야 해.

인조는 1623년에 인조반정을 일으켜 삼촌인 광해군을 쫓아내고 왕
위에 올랐어. 인조반정을 일으킨 여러 가지 이유 중 하나는, 광해군이
임진왜란 때 조선을 도운 명나라의 은혜를 잊고 오랑캐와 가깝게 지
냈다는 거야. 여기서 오랑캐는 여진족이 세운 후금, 즉 청나라를 말
해. 후금은 명나라를 치고 중국을 차지한 후, 청나라로 이름을 바꿨
지.

그렇다면 광해군은 왜 후금을 가까이하는 외교 정책을 세웠던 걸
까? 중국을 차지한 명나라가 망해 가고, 만주에 있던 후금의 세력이
커지는 것을 알았던 거야. 만약 조선이 명나라 편만 든다면 훗날 후
금과 전쟁을 할 수도 있으니 두 나라 사이에서 조선에 이득이 되는
방향을 선택한 거였지.

하지만 인조가 왕이 되면서 조선의 외교 정책은 다시 명나라와 가
까워지는 방향으로 바뀌었어. 그것이 청나라를 자극해 정묘호란과
병자호란이 일어났지.

전쟁 준비를 못 한 인조는 급히 남한산성에 들어가 항전했지만 결
국 청나라에 굴복했어. 인조는 지금의 서울시 송파구에 있는 삼전도
에서 청나라 황제한테 무릎을 꿇고 고개를 숙이는 엄청난 치욕을 겪
었지.

그것으로 끝이 아니었어. 청나라는 소현 세자 부부와 동생 봉림 대

군을 볼모로 삼아 청나라의 수도인 심양으로 데리고 갔어. 조선 백성 수십만 명도 전쟁 포로로 잡혀갔어. 너무 슬픈 역사이지?

심양에 간 소현 세자와 부인 강빈은 심양관에 머물렀어. 지금으로 치면 심양에 있는 조선 대사관쯤 되겠지? 청나라 정부에서 조선에 원하는 것을 심양관에 알리면, 소현 세자가 조선의 입장을 전하며 중간에서 조율했어.

처음에는 청나라에서 심양관에 식량을 줬으나, 몇 년 뒤 대기근이 들자 넓은 밭을 주며 직접 농사를 지어 먹고살라고 한 거야. 소현 세자와 강빈은 얼마나 당황했을까?

하지만 살림을 도맡아 하던 강빈은 넋 놓고 있을 수 없었어. 심양관에는 수많은 조선 백성들이 있었으니까. 그녀는 위기를 기회라고 여겼어.

특히 강빈은 판단력이 탁월했어. 당시 청나라는 명나라를 무너트려 중국 대륙을 차지하려고 곳곳에서 전쟁을 벌이던 중이어서 식량 문제가 심각했어. 그러니 쌀을 많이 생산해서 팔면 돈을 벌 수 있겠다고 생각한 거야.

문제는 땅이 척박해 벼농사를 짓기가 어려웠어. 또, 심양이 있는 만주에서는 밭에다가 직접 볍씨를 뿌려서 농사를 지었는데 그러면 수확량도 많지 않았어. 그래서 강빈은 과감하게 물길을 연결해서 밭을 논으로 만들었어.

조선의 모내기 방식으로 벼농사를 지었더니 수확량도 많고 쌀이 더 맛있었어. 심양관의 공식 기록인 『심양장계』를 보면 씨앗 233석을 뿌려 곡식 5024석을 거뒀다고 나와 있어.

심양관의 쌀이 맛있다는 소문이 청나라 귀족들 사이에 퍼지면서 인기를 끌었지. 당연히 쌀값도 뛰었어. 강빈의 안목과 리더십, 조선 백성들이 마음을 합친 덕분이야.

그렇게 번 돈으로 강빈은 무엇을 했을까?

당시 청나라에 끌려온 조선 백성들이 귀족 집에 노예로 팔려 가고 생하고 있었어. 양반은 돈이 있으니 조선에서 가족이 와서 몸값을 주고 데려갔어. 이것을 속환이라고 해.

그런데 가난하고 힘없는 백성들은 속환해 줄 가족이 오지 않았어. 그러자 소현 세자와 강빈이 쌀을 팔아서 번 돈으로 그들을 속환해 주었어. 그들 중에 갈 곳 없는 사람들에게는 함께 일할 수 있도록 하여 일자리까지 마련해 주었지.

강빈은 무역도 시작했어. 청나라 귀족들이 좋아하는 면, 잣, 생강, 꿀, 종이, 담배 등을 조선에서 사다가 팔았어. 청나라는 나라를 세운 지 얼마 지나지 않아서 물품이 부족했어. 유목민 출신이 지배 계층이라서 상업 능력이 떨어진다는 걸 강빈이 빠르게 파악한 거야.

얼마나 무역이 활발했던지 『인조실록』에는 '심양관은 곡식을 쌓아 두고는 그것으로 진기한 물품과 무역을 하느라 마치 시장 같았다.'라고 적고 있어. 그래서 강빈을 우리나라 최초의 여성 CEO라고 높게 평가하는 학자들도 많아.

이후, 명나라와의 전쟁에서 승리한 청나라는 수도를 북경으로 옮겼어. 소현 세자와 강빈도 함께 옮겨 갔어.

북경에서 소현 세자는 천주교 신부 아담 샬과 인연이 닿아서 서양의 과학, 천문학, 역학 등을 접하게 돼. 신부가 선물한 지구의를 보면서 소현 세자 부부는 세상이 얼마나 큰지 깨닫고 새로운 꿈을 꿨을 거야.

특히 우리가 주목할 것은 강빈이 장사의 중요성에 눈을 뜨기 시작했다는 점이야.

조선은 농업을 중하게 여기고 상업을 천하게 여겼어. 그래서 장사꾼을 장사치라고 얕잡아 불렀지. 만약 조선 시대 때 상공업이 발전했다면 일자리가 많이 생겨 백성들도 돈을 벌고 나아가 국가 경제 또한 더욱 발전했을 거야.

예를 들어, 바닷가 마을에서 잡은 생선을 산촌에 팔면 비싼 값을 받을 수 있어. 하지만 유통하는 시스템이 없으니 생선을 많이 잡아도 팔지 못해 고기잡이들은 돈을 벌 기회가 없는 거야. 또 전문적으로 유통하는 사람들이 많다면 일자리도 생기고 상업적인 교류가 활발해지지. 결론적으로 상공업은 그 사회를 발전시키는 중요한 힘이야.

역사적으로 보면, 신라는 세계 무역, 경제와 문화 교류의 중심이었던 비단길과 연결되어 많은 외국인이 무역선을 타고 신라를 찾았어. 고려 시대에도 수도 개경 옆에 있던 무역항 벽란도에 많은 외국 상인들이 찾아왔지. 삼면이 바다라서 무역을 해서 돈도 벌고 문화를 교류하며 발전하기 좋은 여건이었지. 하지만 조선은 다른 나라와 무역을 적극적으로 하지 않았어.

그런 닫힌 사회 분위기 속에서도 강빈은 당당하게 경제 주체로 성장해 더 의미가 있는 거야. 어쩌면 조선을 벗어나 청나라에서 많은 어려움을 겪고, 또 새로운 세상을 보았던 덕분에 변할 수 있었는지도 몰라.

그 이후 소현 세자와 강빈은 어떻게 됐을까?

조선을 떠난 지 8년 만에 고국으로 돌아왔지만, 소현 세자는 얼마 지나지 않아서 갑자기 목숨을 잃었어. 타살을 당했다는 주장도 있지만 명확한 근거는 없어. 게다가 강빈은 시아버지인 인조의 음식에 독을 넣었다는 모함에 빠져 사약을 받았어.

만약 소현 세자가 왕위에 오르고 강빈이 중전이 되었다면 조선 사회의 풍경도 많이 달라졌을 거야. 집에서 육아와 살림만 하던 여성이 집 밖으로 나와 여러 가지 일을 하면서 돈을 벌고, 조선 사회에서 큰 역할을 했을지도 몰라.

이렇게 어려움 속에서도 좌절하지 않고 위기를 기회라고 생각하며 적극적으로 문제를 해결했던 강빈을 우리가 오랫동안 기억하며 그 자세를 배워야겠지? 그게 역사 속 인물과 만나야 하는 이유야.

역사와 통하였느냐?

'호랑이에게 잡혀가도 정신만 차리면 산다'는 속담은 많이들 들어 봤지?

이 말을 실천한 사람이 바로 강빈이야. 어려운 일이 닥쳤을 때 해결은 물론 더욱 발전한 모습까지 보여 준 능력자잖아.

문제가 생겼을 때 어떻게 하면 현명하게 해결할 수 있을까?

첫 번째는 문제가 무엇이고, 왜 발생했는지 구체적이고 객관적으로 살펴봐야 해. 그렇게 정리하다 보면 문제의 핵심이 보일 거야. 또 다른 사람 때문에 발생했는지, 아니면 나한테도 책임이 있는지 명확히 알 수 있어. 이기적인 사람은 모든 문제의 원인을 다른 사람한테 돌려서 문제를 더 심각하게 만들잖아. 자신이 무엇을 잘못했는지 파악한다면 문제 해결이 더 쉬워질 거야.

두 번째, 문제를 해결하는 데 중요한 것이 무엇인지 알아야 해. 자신의 어떤 점이 도움이 될지, 혹은 자신한테 무엇이 부족한지 알아야 다른 사람에게 도움을 받을 수 있어.

세 번째, 만약 다른 사람과의 갈등이 문제를 해결하는 데 방해가 된다면 그 사람과 어떻게 소통할 것인지 고민해야 해. 원래는 사소한 문제였는데 상대방과 감정 싸움으로 번져서 일이 커지는 경우도 많아. 그런 경우, 편지나 문자를 보내서 마음을 전하는 것도 좋아. 진심은 모든 문제를 해결해 주는 열쇠니까.

네 번째, 문제 해결 전에 걱정을 많이 할 거야. 그러나 걱정한다고 문제가 해결되지는 않아. 그러니 걱정은 그만하고, 긍정적으로 생각하며 그 시간에 답을 찾자.

이렇게 문제 해결 방법을 살펴보았는데, 무엇보다 그 문제의 답을 찾겠다는 적극적인 자세가 있어야겠지? 그런 자신감이 있어야 상대방에게 먼저 손을 내밀 수 있으니까.

황희 정승의 이중생활

공무원이 되고 싶다고? 공무원은 국가와 국민을 위해 헌신하겠다는 사명감이 있어야 해. 또 무엇보다 청렴해야 하지. 뇌물을 준 사람에게 특혜를 주면 국민이 피해를 보고, 나라가 흔들릴 수도 있잖아.

조선 시대에는 청렴결백한 관리를 뽑아 청백리 칭호를 내렸어. 청렴은 성품과 행실이 맑고 깨끗하며, 재물을 탐하는 마음이 없어서 일을 공정하게 처리하는 자세를 뜻해. 만약 모든 관리가 청렴하다면 청백리를 뽑지 않았겠지. 그 당시, 관리들이 청렴하기 어려웠던 것일까?

청백리로 가장 유명한 역사 속 인물은 누굴까? 교과서에 소개되어 '국민 청백리'로 인정받은 황희 정승이야. 어떻게 살았기에 청백리로 이름을 떨쳤을까? 유명한 일화 몇 가지를 소개할게.

어느 날 세종이 황희 정승의 집을 찾았는데, 집이 너무 누추한 거야. 바닥에는 멍석을 깔았고, 밥상에는 보리밥, 된장, 고추밖에 없어

서 놀랐다고 해. 이쯤 되면 청렴을
넘어 너무 가난한 삶이야.

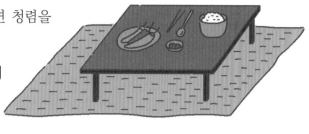

　여기서 잠깐! 학자들의
의견에 따르면 황희 정
승이 누추하게 보이도
록 '청렴한 척' 쇼를 했다고 보는 게 옳대. 왜냐하면, 황희 정승이 우
리가 알고 있던 청백리 모습과 다르게 부패하고, 타락한 관리였다는
역사 기록이 아주 많거든.

　『세종실록』에는 황희 정승이 매관매직을 일삼고 형옥을 팔았다고
나와. 이는 뇌물을 받고 재판에 개입했다는 뜻이야.

　역사학자들은 황희 정승이 능력이 뛰어나 사직도 못하고 세종대왕
에게 불려가 죽기 직전까지 정승으로 일했지만, 청백리는 아니었다고
해. 오히려 그와 가족이 일으킨 비리가 종합 세트처럼 많았다고 말하
지. 어떤 문제가 있었는지 이야기해 볼게.

　황희 정승이 지금의 검찰 총장 격인 대사헌에 있을 때 금을 뇌물로
받아 황금대사헌이라는 창피한 별명이 붙었어. 또 지방 수령의 아들
을 높은 자리에 앉혀 주고 그 대가로 땅을 받아서 사헌부의 탄핵을
받아 파면을 당하기도 했지.

　『세종실록』에는 황희 정승이 아버지한테 받은 유산이 많지 않았고,
장인에게 받은 노비는 3명뿐이었는데, 이후 집에서 부리는 노비가 수
십 명이나 되었다고 적혀 있어. 관직에 있으면서 얼마나 재산을 모았
는지 알 수 있겠지?

　이뿐만이 아니었어. 사위가 고을의 아전을 때려죽였는데, 황희 정

승이 고위직 관리에게 청탁해 조용히 넘어가려다가 문제가 커지기도 했어. 아들들도 문제를 일으켰어.

황희 정승이 종을 첩으로 삼아 그 사이에서 태어난 아들 황중생은 아버지 '빽'으로 세자궁에서 일했는데, 세자의 물건을 훔치다가 적발된 거야. 그러자 황희 정승은, 황중생은 친아들이 아니라 의붓아들이라며 아들을 호적에서 지우고 조중생으로 성을 바꿨어. 황중생 아니 조중생은 홍길동처럼 아버지를 아버지라 부르지 못하는 비극의 주인공이 되어 버린 거야.

큰아들 황치신도 나라에 바쳐야 할 좋은 땅을 자신의 안 좋은 땅과 바꿔치기하다가 딱 걸렸지. 둘째 아들 황보신은 의금부지사로 일하면서 관청의 재물을 가로채 문제가 돼.

『세종실록』에 황희 정승의 비리를 구체적으로 밝혀 놓았는데 왜 사람들은 몰랐을까? 『조선왕조실록』은 임금이라도 함부로 볼 수 없으니, 조선 시대에는 황희 정승의 충격적인 삶이 알려지지 않았던 거야.

진짜 청백리로 높이 평가받은 관리도 알아야겠지?

그 주인공은 선조, 광해군, 인조 3대에 걸쳐 다섯 번이나 영의정에 오른 이원익이야. 얼마나 청렴하고 겸손했냐면, 벼슬에서 물러난 후 비가 새는 낡은 초가에 살아서 인조가 새집을 지어 주며 '관감당(觀感堂)'이라는 이름을 하사했대. 이원익의 삶의 자세를 '보고 느끼라'는 의미를 담은 이름이지.

이원익은 자신이 청렴하게 살았으니, 자연스럽게 백성들의 어려움도 알았을 거야. 그래서 대동법을 주장했지.

어허~!
이러면 곤란하지!

　대동법을 이해하려면 먼저 당시 세금 제도 중 하나인 진상을 알아야 해.

　진상은 특산물을 세금으로 내는 것이야. 예를 들어 제주에서는 감귤이 진상 품목이야. 문제는 귤을 배에 실어 한양까지 보내는 데 시간이 오래 걸려 많이 썩었지. 그래서 정해진 수량보다 훨씬 많이 거둬서 백성들의 원성이 컸어. 중간에 관리들이 몰래 빼돌리기도 했지.

　이를 해결하는 좋은 방법이 대동법이었어. 특산물 대신 토지 수에 따라 쌀과 옷감으로 세금을 내는 제도야. 그러면 관리들이 과하게 받지 못하고, 땅이 없는 백성은 부담이 적어지겠지? 나라는 거둬들인 쌀과 옷감을 상인들에게 주고 진상품을 직접 사도록 했어. 덕분에 시장도 활성화되었지.

여기서 잠깐! 오해하면 안 되는 것이 있어. 청백리는 빈곤한 관리가 아니라는 점이야. 관리들도 정당한 방법으로 재산을 모으고, 합당한 세금을 내면 돼. 더 나아가서 많이 벌면 어려운 사람들에게 베풀면 좋겠지?

조선 시대, 관리들의 부패는 심각한 사회 문제였어.

특히 정약용은 곡산 군수로 일할 때 백성들의 어려움을 보았고, 훗날 귀양살이로 몸소 여러 문제를 겪었던 터라 그 심각성을 더 잘 알았지. 그런 까닭에 관리들이 올바르게 일해야 백성들의 삶이 나아지고 국가도 부강해진다고 생각해서 『목민심서』를 썼어.

서문을 잠깐 볼까?

오늘날의 백성을 다스리는 자들은 오직 거두어들이는 데만 급급하고 백성을 부양하는 방법은 알지 못한다. 이 때문에 하민들은 여위고 병들어, 굶어 죽은 사람의 사체가 구덩이를 메우지만 다스린다는 자들은 바야흐로 고운 옷과 맛있는 음식에 자기만 살찌고 있으니, 어찌 슬프지 아니한가.

이 문장을 보니, 정약용이 왜 『목민심서』를 썼는지 알겠지?

그래서 요즘도 국가 기관에서 신규 공무원에게 『목민심서』를 선물하며 공무원의 자세를 강조하고 있어. 그런데 신규 공무원보다 오히려 고위직 공무원이 더 열심히 『목민심서』를 읽어야 하지 않을까?

역사와 통하였느냐?

오늘날 총리, 장관을 비롯해 최고위직 공무원이 되려면 인사 청문회를 거쳐야 해.

청문회 과정에서 고위 공직자 후보의 병역 문제, 논문 표절, 세금 납부, 땅 투기 등 여러 가지를 따지는데 문제 없는 후보자가 드물어. 자녀를 좋은 학교에 보내려고 위장 전입을 하기도 하고, 세금을 미납했다가 후보자가 되니 슬그머니 납부하기도 해. 돈을 버는 과정이 투명하지 않은 후보자도 많아.

청소년들이 그런 모습을 보면서 어떤 생각을 할까?

권력자가 되면 법을 지키지 않아도 되는구나, 인사 청문회에 나와서 어두운 표정을 지으며 반성한다고 하면 되는구나, 이렇게 잘못된 생각을 할 수 있어. 수단과 방법을 가리지 말고 돈과 권력을 가져야 한다는 삐뚤어진 가치관을 심어 줄 수도 있지.

이렇게 도덕성에 문제가 많은 사람은 사고방식이 상식적이지 않거나, 법을 지키지 않아도 된다고 생각할 확률이 높아. 조상님들이 말씀하시길, 하나를 보면 열을 안다고 했잖아. 법과 도덕을 중요하게 여기지 않는 사람이 과연 국민과 국가 발전을 위해서 좋은 정책을 내놓을 수 있을까? 그리고 자신은 법을 지키지 않으면서 준법을 강조하면 국민이 믿고 따를까? 그런 관리가 많은 나라의 장래는 당연히 어두울 거야.

앞에서는 국민을 위한다고 말하면서 뒤에서는 돈과 권력을 탐하는 못된 탐관오리가 없는지 우리 모두 지켜봐야 해. 그리고 그런 사람들이 선거에 나오면 투표로 심판을 해야 해. 그것이 국민의 권리이자 의무야.

이순신 장군이 불면증 환자였다고?

2024년, 한국 갤럽에서 가장 존경하는 인물이 누구인지 설문 조사를 했어. 어떤 결과가 나왔을까?

이순신 장군과 세종 대왕이 1, 2위를 차지했어. 대부분 그 결과에 고개를 끄덕일 거야.

이순신 장군, 하면 무엇이 떠올라? 거북선이라고 답하는 사람이 많겠지만 『난중일기』도 떠오를 거야. 국민 대다수가 알지만 읽은 사람은 많지 않은 책! 너무 예리한 지적이라고?

그런데 이순신 장군은 전쟁 중에 왜 일기를 썼을까? 갑자기 궁금증이 생긴다면 집중하고 잘 듣도록!

먼저, 『난중일기』를 읽는 방법을 알려 줄게.

전쟁 상황, 사람들의 이름 등 어려운 부분은 넘기고, 장군의 생각과 몸 상태 등에 집중해 봐. 그렇게 일기를 읽다 보면 이순신 장군의 마음을 더 깊이 헤아리며 공감할 수 있어. 또 장군이 얼마나 위대한 사람인지 새삼 느낄 수 있어. 왜냐하면, 건강이 안 좋아 치료를 받아야 할 것 같은데도 나라와 백성들을 구하려고 전쟁터로 나갔거든.

놀라지 마! 이순신 장군은 아픈 데가 너무 많아서 '움직이는 종합병원'이자 심각한 불면증 환자였어. 믿을 수 없다고?

『난중일기』에 아프다고, 잠을 못 자서 힘들다고 구구절절 적어 놓았어. 그 부분을 읽다 보면 장군의 고통이 나한테도 전해지는 것 같아 힘들어.

장군의 아픔을 느껴 보고 싶다고? 1594년 3월 중순의 일기를 볼게.

> 3월 14일   머리가 무겁고 개운하지 않았다.
> 15일   하루 내내 앓았다.
> 16일   몸이 불편했다.
> 17일   몸이 회복되지 않았다.
> 18일   몸이 몹시 불쾌하였다.
> 19일   몸이 불편하여 하루 종일 앓았다.
> 20일   몸이 불편하였다.
> 21일   몸이 불편하였다.

8일 동안 몸이 아프다고 일기에 썼어. 몸이 좋지 않아 길게 쓰기 어려웠는지, 한 문장에 고통이 오롯이 담겨 있어.

그런데 몸이 불편하다고 하소연한 날은 그나마 나은 편이야. 심한 날들이 더 많으니까.

1596년 3월의 일기를 함께 볼게.

1596년 3월 3일   땀에 젖었다.

　　　4일   땀이 계속 흘러내렸다.

　　　6일   땀이 계속 흘렀다.

　　　7일   새벽에 땀이 흘렀다.

　　　10일   시도 때도 없이 식은땀이 났다.

　　　14일   밤새도록 식은땀이 흘렀다.

　　　15일   식은땀이 한없이 흘렀다.

　　　16일   어제처럼 땀을 흘렸다.

　　　17일   밤에 식은땀이 등을 적셨다.
　　　　　　옷 두 겹이 다 젖고 이부자리도 젖었다.

　　　25일   낮에 땀이 옷을 적셨는데 밤에는 두 겹으로 입은
　　　　　　옷을 다 적시고 방바닥까지 흘렀다.

　　이 부분을 읽는 동안 내 몸에서도 식은땀이 줄줄 흐르는 것 같았어. 이렇게 땀을 많이 흘리는 병을 다한증이라고 하는데 방바닥까지 땀이 흐를 정도면 아주 심각해. 땀을 많이 흘리니까 당연히 잠을 이룰 수 없었겠지. 이순신 장군은 불면증도 심했어.
　　다음 일기를 살펴볼게.

1594년 7월 6일   촛불을 밝히고 혼자 앉아 있으니 온갖 걱정이 가슴을 친다.

　　　9월 1일   앉았다, 누웠다 하며 잠을 이루지 못했다.

촛불을 켜 놓고 뒤척거렸다.

11월 13일   밤에 달빛이 대낮 같아서 잠을 이룰 수 없었다.

밤새도록 뒤척거렸다.

1595년 1월 1일   촛불을 밝히고 혼자 앉아서 나랏일을 생각하니

저절로 눈물이 흘러내렸다.

팔순의 병든 어머니를 생각하며 밤을 새웠다.

5일   밤새 많은 생각이 떠올라서 잠을 이룰 수 없었다.

1595년 7월 9일   밤 10시쯤 바다 위 달빛이 누대에 가득 차니

생각이 아주 어지러워 누대 위를 돌아다녔다.

10일   밤이 깊어 누대에 누웠더니 초생달 빛이 누대에

가득 차서 갖은 생각을 이길 길이 없었다.

8월 15일   잠을 이루지 못하여 시를 읊조렸다.

잠을 잘 수 없으니 새벽에 꿈을 꾸었다는 날도 많아.

이 외에도 토하다가 잠을 이루지 못한 날도 있어. 또 토사곽란이 심하다고 하소연하는 날도 여러 번이야. 의사들은 이순신 장군이 위장병이 심했다고 추측해.

『난중일기』를 살펴볼수록 '난중 투병 일지' 같아.

장군의 이런 모습은 가려지고 24시간 나라만 생각하는 아주 용감한 사람으로 알려져서 아쉬워. 아프고, 고민하고, 잠을 이루지 못하는 모습을 보면서 우리는 더 장군과 소통하고 공감할 수 있어. 이순신 장군도 나와 같이 약하고, 여린 사람이었구나! 나도 노력하면 장군처럼 힘을 낼 수 있어, 이런 희망을 주잖아.

이렇게 장군은 아프고, 불면증이 심하고, 마음이 여리고, 감성이 풍부해 밤마다 일기를 썼을 거야. 바닥에 누우면 바로 코를 드르렁드르렁 골면서 자고, 성격이 대범해서 큰일도 대수롭지 않게 여기는 사람이었다면 일기를 쓰지 않았을지도 몰라. 사람들은 혼자 있을 때, 고민이 있을 때, 하고 싶은 말이 있을 때 일기를 쓰잖아.

이순신 장군도 혼자 있기를 좋아하고, 늘 몸이 아프고, 전쟁 중이라 고민이 많고, 고향에 있는 가족을 걱정하다 보니 일기에 그 마음을 담으며 자신을 스스로 다독거렸을 거야. 그 덕분에 몸이 힘들어도 그 시간을 버텨 냈을 수도 있어.

제2차 세계대전을 겪던 소녀 안네 프랑크, 일제에 저항하며 나라를 위해서 평생을 바친 김구 선생 등 많은 사람들이 일기를 쓰면서 힘든 시간을 이겨 냈잖아.

갑자기 일기를 쓰고 싶어졌다고? 좋은 자세야! 그런데 일기 내용이 졸음이 쏟아진다, 글쓰기 싫다라고? 그것도 좋아! 뭐든 네 마음을 일기에 솔직하게 담아 보렴.

『난중일기』를 읽으면서 느낀 건데, 이순신 장군이 몸이 아픈 근본적인 원인은 불면증 같아. 불면증의 원인은 여러 가지가 있겠지만 그중 스트레스가 가장 클 거야. 이순신 장군은 전쟁에 참전 중이라 본인을 비롯해 거느리는 부하들까지 언제 목숨을 잃을지 몰라 스트레스를 많이 받았을 거야.

불면증 환자가 늘어나는 사회는 스트레스가 많은 사회겠지?

요즘 우리나라에서는 청소년들의 불면증도 심해. 불면증이 심하면 건강을 해치는 것은 물론 우울 증상이나 불안, 집중력 저하, 주의력 결핍, 학습 장애, 틱과 같은 증상이 나타날 수 있어.

우리나라 청소년들이 잠을 깊이 못 자는 이유가 여러 가지 있겠지만 학교 과제 및 성적 스트레스가 커. 친구와 친하게 지내기 어렵다고 하소연하는 청소년도 늘고 있어. 특히 스마트폰으로 접하는 동영상 및 게임은 수면 유도 호르몬인 멜라토닌의 생성과 분비를 감소시켜 잠을 잘 못 이루게 해.

무엇보다 우리나라는 경쟁이 심한 사회이다 보니 뒤처지지 않으려 계속 노력해야 하고, 다른 사람과 비교하며 자존감이 떨어지기도 해. 그런 상황이 계속 반복되면 우울증으로 이어질 수 있어.

그럴 때 이순신 장군처럼 솔직하게 일기를 쓰면서 자신을 스스로 보듬고 격려하는 연습이 필요해. 힘들 때 조용한 곳에서 왜 힘든지 일기에 속마음을 담아 봐. 마음이 한결 가벼워질 거야. 그 과정을 통해 자존감이 높아진다는 연구 결과도 있으니까 꼭 도전해 보도록 해.

최초로 **목화씨**를 가져온 사람은 **문익점**이 아니라고**?**

'이불 밖은 위험하다'는 말 들어 봤지? 한겨울, 따스한 전기 장판과 포근한 솜이불의 매력, 아니 마력에 빠지면 이불 밖으로 나오기 힘들지. 특히 가볍고 폭신한 솜이불 덕분에 푹 잘 수 있잖아. 그때마다 떠오르는 위인이 있지? 모르겠다고?

힌트를 주면, 천연 솜은 목화에서 얻어. 목화를 우리나라에 처음 재배한 사람이지.

맞아, 문익점이야. 그런데 놀랍게도 문익점이 우리나라 최초로 목화를 심었다는 역사적 사실이 잘못되었다고 해. 어떻게 된 일인지 궁금하다고?

고려 말, 원나라에 사신으로 갔던 문익점이 붓두껍 속에 목화씨를 숨겨서 우리나라에 가지고 왔어. 당시 원나라는 목화씨가 다른 나라로 빠져나가지 못하게 막았다고 해. 그래서 문익점을 우리나라 최초의 산업 스파이라고 우스갯소리를 하기도 해.

하지만 역사 기록을 보면 삼국 시대에 이미 면을 만들었어. 그러나 널리 퍼지지는 못했지. 면을 많이 만들려면 목화 재배가 잘 되어야 하는데, 목화는 인도, 중앙아시아에서 주로 자라는 아열대 작물이라 우리나라 토양에 맞지 않았던 거야.

그러다가 고려 말이 되어서야 문익점이 원나라에서 개량된 목화씨를 가지고 와서 고향인 산청(경상남도 산청군에 있는 읍)에 심었던 거야. 다행히도 그중에서 유일하게 하나만 잘 자랐고, 그걸 이용해 몇 년 뒤 대량 재배가 가능해진 거지.

그런데 주목할 점이 있어! 여기까지 들으면 문익점이 원나라의 길거리를 걷다가 우연히 목화씨 몇 알을 주워 왔다고 대수롭지 않게 여길 수도 있어. 하지만 이 모든 것이 어느 날 갑자기 뚝딱 이루어진 게 아니야.

사람은 원래 관심이 있어야 찾아보고, 물어보고, 더 깊이 공부를 하는 법이잖아. 문익점은 농사에 관심이 많아서 농업 관련 책을 꾸준히 읽었으리라 추측해. 유교 경전만 죽어라 읽고 출세하려는 선비들과는 다른 모습이지? 아마 원나라에 가서도 우리나라 토양에 맞는 씨앗을 찾으려고 애썼을 거야.

문익점은 한겨울 추위에 힘들어하는 백성들을 생각하는 애민 정신이 있는 관리였어. 목화에서 솜을 따서 면을 만들면 백성들이 따스하게 겨울을 날 수 있다고 생각했을 거야. 많은 학자와 관리들이 원나라에 다녀왔지만 목화씨를 가져와 백성을 챙기겠다고 생각한 사람은 문익점뿐이었거든.

문익점이 목화 재배 하나만 성공했다면 '목화씨의 아버지'라고 칭송받지 않았을 거야. 문익점은 목화에서 딴 솜에서 씨를 분리하는 '씨아'와 솜으로 실을 만드는 '물레', 두 가지 기구까지 만들었어. 그 덕분에 목화솜으로 훨씬 편리하게 실을 만들 수 있었어. 그 실을 베틀에 놓고 날줄과 씨줄을 교차하면서 짜면 면포(무명)가 되는 거야.

　그런데 목화를 심고, 씨아와 물레를 만든 일이 그렇게 대단한 일이냐고?

　어떤 학자는 목화씨 하나가 고려 말과 조선의 사회 구조를 완전히 새롭게 바꾸었다고 높이 평가해. 서양의 산업 혁명과 맞먹는 조선의 산업 혁명의 씨앗이었다고 말하기도 해.

　어떤 변화가 있었는지 구체적으로 알아볼게.

　목화를 재배하기 전에 돈이 많은 양반은 비단이나 동물 가죽으로 만든 옷을 입었어. 한겨울 추위를 이겨 내는 데 별 문제가 없었지. 반면, 가난한 백성은 삼베로 만든 옷을 입었어. 삼베의 원료인 삼은 어디에서든 잘 자라서 구하기 쉽고, 질기다는 장점이 있어. 하지만 촉감이 거칠고 옷감이 촘촘하지 않아 여름에는 시원한데 겨울에는 너무 추웠어.

　그런데 목화로 짠 면포로 옷을 만들면서 큰 변화가 시작돼. 면은 살갗에 닿으면 부드럽고 따스해. 그리고 옷이나 이불에 솜을 넣으면 보온성이 좋지. 면포와 솜 덕분에 추운 겨울에도 백성들이 몸을 보호할 수 있으니 더 건강해졌어.

　면의 가장 큰 장점은 효율성이야. 삼베는 모든 과정을 손으로 직접 하다 보니 만드는 데 오래 걸리고 힘들었어. 하지만 면은 만들기 편해

서 시간과 노동력을 아낄 수 있었어. 물론 씨아와 물레의 도움이 컸지.

이런 여러 가지 강점 덕분에 짧은 시간 동안 목화 재배는 전국으로 퍼져 나갔어. 그뿐만 아니라 배의 돛, 군대의 천막, 화승총의 심지, 갑옷, 신발 안감 등 많은 것들을 면으로 바꿨어.

경제 분야에서도 새로운 변화가 시작되었는데, 면포를 돈처럼 사용해 시장에서 물건을 살 수 있었지. 또 세금도 면포로 낼 수 있었어. 예를 들어, 군대에 가는 군역 대신 면포로 세금을 냈는데 1년에 2필이었어.

마지막으로 면은 왜와 무역할 때도 돈처럼 사용됐어. 이렇게 목화로 만든 면은 백성들의 삶뿐 아니라 국가 경제를 일으켜 주었어.

사람들이 문익점이 목화씨를 붓두껍에 몰래 가져왔다는 드라마 같은 이야기에만 집중하고, 목화의 중요성과 의미를 생각하지 않는 것 같아 아쉽네.

문익점을 높이 평가하는 이유가 또 있어. 만약 문익점이 목화 재배 방법을 널리 알리지 않고, 씨아나 물레를 자신의 농장에서만 사용했다면 엄청나게 큰돈을 벌어서 조선 초기, 최고 갑부가 되었을 거야. 그랬다면 목화가 조선 전체로 퍼져 나가기 어려웠을 테고 백성들의 삶은 여전히 어려웠겠지. 하지만 문익점은 돈을 벌 수 있는 것들을 독점하지 않고 백성들과 나누었어.

문익점 말고도 더불어 사는 삶을 실천한 따스한 양반이 또 있어.

그 주인공은 경주 최 부자 가문이야. 경주에 가면 1700년경에 세운 경주 최씨의 종가가 있으니 꼭 방문해 봐. 12대 동안 만석지기 재산을 지켰고, 9대에 걸쳐 진사를 배출한 가문이지. 그런 사회적인 경력보다 더 중요한 것은 집안에 대대로 내려오는 가훈이야.

몇 가지를 소개하면, '사방 백 리 안에 굶어 죽는 이가 없도록 하라', '집안의 재산은 1만 석 이상을 넘지 않도록 하라' 등이 있어.

가훈은 멋진데 실천하지 않는다면 의미가 없겠지? 최 부자 댁 사람들은 대대로 그 가훈을 지켰어.

유명한 일화가 있어. 어느 날 도적들이 최 부자 집을 침입했는데 그 중에는 그 집안의 소작인도 있었어. 최 부자는 그 사람을 관청에 고발하지 않고 오히려 소작료를 절반으로 낮춰 줬어. 그 사람이 도적질을 할 수밖에 없었던 처지를 헤아렸던 거야. 그 소식을 들은 소작인들은 감동하여 더 열심히 일했고, 덕분에 최 부자는 더 많은 돈을 벌었다고 해.

그리고 12대 최준 선생 대에 이르러 전 재산을 털어 독립운동을 도왔어. 그뿐만 아니라 훗날 광복 후에는 교육 활동을 했어.

이렇게 실천하는 지식인들 덕분에 우리 사회가 발전할 수 있었어.

우리나라가 세계 경제 순위 10위권 안에 진입하고, 국민 소득이 올라가고 있지만 한편에서는 경제적인 이유로 삶을 포기하는 사람도 늘고 있어. 이렇게 빈부 격차가 커질수록 문익점 선생이나 경주 최 부자 댁처럼 이웃과 나누는 미덕이 더 중요해져.

보통 경제적 후원, 자원봉사 등을 하면서 나눔을 실천하는데, 요즘에는 지식 재산권을 기증하기도 해. 처음 듣는다고?

지식 재산권은 발명, 상표, 디자인 등의 산업 재산권과 문학, 음악, 미술 작품 등에 관한 저작권을 통틀어서 말해. 이 권리 가운데 저작권의 경우 창작자가 세상을 떠난 뒤 70년 동안 보호를 받아서 다른 사람이 함부로 사용하면 안 돼. 산업 재산권은 종류에 따라 존속 기간이 10~20년인데, 만료 기간 전 갱신하여 기간을 연장하지.

지식 재산권을 국가에 기증하면 저작권료를 내지 않고 누구나 사용할 수 있어. 대표적으로 애국가가 있어. 애국가의 작곡가 안익태 선생이 1965년에 사망해서 70년이 지난 2035년까지 유족에게 저작권이 있었지. 그러나 2005년, 한국 국민의 가슴에 애국가가 영원히 불리기를 소망한다며 국가에 저작권을 기증했어.

지식 재산권과 관련한 격렬한 논쟁 주제가 있어.

코로나19가 심할 때, 미국, 프랑스, 러시아 등에서는 백신의 지식 재산권을 한시적으로 풀어서 생산량을 늘려야 한다고 주장했지. 그러면 경제적으로 어려운 나라의 국민도 백신을 맞을 수 있으니까.

하지만 백신을 생산하는 독일, 영국 등은 지식 재산권을 보호하지 않으면 많은 돈을 투자해서 백신을 만든 제약사들이 생산 의욕을 잃어 버릴 수 있다며 반대했어. 지식 재산권이 보호되어야 앞으로도 계속해서 좋은 약을 생산할 수 있다는 논리지.

너희는 지식 재산권 보호와 나눔에 관해서 어떻게 생각해?

지도의 아버지 김정호는 백두산에 가지 않았다고?

전국 맛집을 소개하는 대동 '맛' 지도를 본 적 있어? 미식가의 필수품이지. 이름 때문에 조선 후기에 김정호 선생이 만든 '대동여지도'가 떠오를 거야. 우리나라에서 가장 유명한 지도잖아.

그런데 대동여지도에 관한 유명한 이야기들이 사실과 꽤 다르다고 해. 무슨 이야기인지 알아보기 전에 먼저 지도에 대해 살펴보자.

옛날 사람들은 왜 지도를 만들었을까?

먼 곳으로 여행을 가거나, 장사하러 떠날 때 지도가 필요했으리라 생각할 거야. 하지만 어떤 학자는 다른 의견을 말해. 100년 전만 해도 낯선 곳으로 여행을 가는 사람이 드물었고, 또 장사하는 사람들은 이미 다른 지역에 대한 정보와 위치를 귀동냥으로 들어서 지도가 필요하지 않았다고 해.

그렇다면 누가, 왜 지도를 만들었을까?

옛날에는 왕과 관리들에게 지도가 가장 필요했어. 왕은 궁궐에 앉아서도 나라 전체를 알고 있어야 적이 침입하거나 반란이 터지면 막을 수 있잖아. 그래서 먼 옛날부터 동서양 모두 국가에서 더 정확한 지도를 만들려고 애썼던 거야.

고을을 다스리던 관리에게도 지도는 필수품이었어. 고을 구석구석을 제대로 알아야 하잖아. 따라서 조선과 같은 중앙 집권 국가에서는 지역의 특성과 지리를 정리한 책, 지리지와 지도를 꾸준히 펴냈지.

조선 최초의 전국 지리지는 세종 때 만든 『신찬팔도지리지』야. 그 이후, 유명한 『세종실록지리지』가 1454년에 나왔어. 그리고 총력을 기울여서 1481년에 『동국여지승람』을 만들었고, 몇 번을 더 보완해서 1530년에 『신증동국여지승람』을 55권 25책으로 펴냈어. 여기서 '신증'이란 '새로 증보했다'는 뜻이지.

이 책에는 고을의 역원(국가가 경영하던 여관), 고적 등 모든 장소의 방향, 그리고 한양까지의 거리가 상세하게 적혀 있어. 각 고을 사람들이 실제 거리를 측정해서 더욱 믿을 수 있었지. 이렇게 체계적으로 지리서를 만든 조선의 인문학적 역량이 놀랍지?

계속해서 조선은 영조 때 『신증동국여지승람』을 기초로 하면서 전국의 고을에서 보낸 자료를 더해 『여지도서』를 만들었어.

조선 시대에는 지리지뿐 아니라 지도 제작도 활발했어. 거리를 측정하는 수레 '기리고차'와 천문 관측을 활용해 양성지와 정척이 세조 때 '동국지도'를 만들었어.

이후에도 여러 지도를 펴내다가, 조선 후기 숙종 때 백두산에 정계비를 세워서 국경을 명확히 구분할 무렵, 북방 지역을 구체적으로 담은 지도가 필요했어.

그리고 마침내 영조 때, 정상기가 '동국대지도'를 만들었어. 그는 이 지도를 만들 때 1백 리를 1척으로 나타내는 축척 표기법, 백리척을 활용했어. 동국대지도는 축척을 사용했기에 실제 거리 계산이 가능하고, 북방 지역을 구체적으로 묘사해 오늘날 우리나라 지도와 거의 비슷해. 또한, 주요 도로를 붉은색으로 표시하고, 산성과 고갯길 등을 기호로 나타내 보기 편하게 만들었어. 이런 이유로 동국대지도는 축척을 사용해 만든 근대 지도라는 평가를 받아.

이런 훌륭한 지리서와 지도는 훗날 김정호가 대동여지도를 만드는 데 큰 도움이 돼.

이제 그 유명한 대동여지도를 알아봐야겠지?

대동여지도는 전국을 남북 120리, 동서 80리로 나누어서 병풍식의 22첩으로 만든 초대형 지도야. 모두 연결하면 세로 약 6.6m, 가로 약 4m 크기의 커다란 지도가 되지. 따라서 대동여지도는 휴대용 지도는 아니야.

대동여지도가 주목받는 점은 기호를 사용하여 다양한 정보를 효과적으로 보여 주고 있다는 거야. 또 10리마다 점을 찍어서 거리를 쉽게 알 수 있도록 했고, 성벽, 봉수 등의 군사 시설까지 표시해 전쟁에 대비할 수 있게 했어. 무엇보다 목판본 지도라 계속하여 찍어 낼 수 있어 널리 활용할 수 있었지. 근대 이전에 만든 지도 중에서 가장 정확하다는 평을 받아.

그렇다면 김정호는 어떤 사람이고, 왜 지도를 열심히 만들었을까?

김정호에 대한 명확한 자료가 없어서 언제 태어나 사망했는지 알 수 없어. 다만 1804년에 태어나 1866년에 세상을 떠났다고 추측할 뿐이야.

역사학자 중에는 김정호가 평민 신분으로 지도를 전문으로 제작하던 출판업자였다고 말하기도 해. 조선 시대와 출판사, 너무 안 어울리는 것 아니냐고?

조선 후기, 한글 소설이 널리 인기를 끌면서 목판으로 인쇄한 출판물을 전문적으로 발간하는 사람들이 등장했어. 그런 책을 '방각본'이라고 하는데, 본격적인 상업 출판의 시작이라고 할 수 있지. 추측하건데, 김정호도 목판에 글씨를 잘 새기는 '각수'라서 출판업을 했을 테고, 지도에 관심이 많아 지도를 전문적으로 만들지 않았을까?

그렇다면 김정호는 왜 지도를 만들었을까?

김정호는 그가 펴낸 지리지 『대동지지』에서 '세상이 어지러우면 이 지도로 쳐들어오는 적을 막고, 시절이 평화로우면 나라를 경영하고 백성을 다스리는 데 사용하고자 한다.'라고 했어.

그 시기, 바다에 외국 함선이 나타나면서 국방의 중요성이 커지고, 상공업이 발전해 이동하는 백성이 많아 정확한 지도가 국가 안보와 사회 발전에 꼭 필요했지. 이렇듯 김정호는 지리학자이면서 백성을 사랑하는 실학자였던 거야.

어떤 학자는 출판업자인 김정호가 지도를 대량 생산해 수익을 내는 것을 목적으로 했다는 의견도 덧붙여. 사실 이 견해가 현실적이라 더 와닿아. 자신이 좋아하는 일을 하면서 그것으로 돈을 벌기 위해 고민하고 더 치열하게 노력한 것 같아.

김정호는 그 시대 백성들이 원하는 지도가 무엇인지 파악하는 기

획력과 마케팅 역량을 갖춘 혁신적인 사업가이지 않았을까? 그는 누구나 쉽게 들고 다니면서 편리하게 볼 수 있는 소형 지도책, 낱장 지도를 만들었는데 많이 팔려서 수익을 냈다고 해. 학자 중에는 대동여지도 또한 판매를 목적으로 만든 지도였으리라 추측해. 그러니 더 잘 만들려고 최선을 다했겠지?

김정호는 우리나라 국토에 관심이 많았던 터라 지도와 지리지를 보려고 한문도 공부했을 거야. 좋아하면 더 열심히 노력하는 법이잖아. 그 열정 덕분에 청구도, 동여도, 대동여지도라는 3대 지도와 『동여도지』, 『여도비지』, 『대동지지』라는 3대 지리지를 펴낼 수 있었어.

김정호처럼 자신이 좋아하는 일을 하면서 돈도 벌고, 사회 발전에 크게 이바지할 수 있다면 정말 축복받은 삶이야.

이제 대동여지도와 김정호에 관한 잘못된 이야기를 바로잡아야 할 순서야.

첫 번째로, 김정호가 지도를 그리려고 백두산을 일곱 번이나 오르고 전국을 여러 차례 답사하며 조사했다는 가슴 뭉클한 이야기, 들어 봤어? 이는 사실이 아니라고 해.

김정호는 정상기의 '동국대지도'를 비롯해 지리학자 신경준의 지리서, 그림으로 된 전국 고을 지도책 등 참고할 자료가 정말 많아서 굳이 전국을 누비지 않고도 충분히 정확한 지도를 만들 수 있었다고 해. 앞에서 말했듯이 조선은 국가 차원에서 꾸준하게 지도를 만들어서 그동안 쌓인 지리 정보가 어마어마했던 거야.

두 번째는 국방에 관한 중요한 정보를 지도에 표시해 나라의 기밀을 누설했다며 흥선 대원군이 김정호를 처벌했다는 안타까운 이야기야. 심지어 김정호는 옥에서 목숨을 잃고, 지도 목판은 모두 불태웠다고 덧붙여서 김정호를 드라마의 주인공으로 만들었는데, 이 또한 사실이 아니야. 지금 그 목판이 보물로 지정되어 있잖아. 김정호가 처벌을 받았다면 지도 제작을 도와준 사람들도 목숨이 위태로웠을 텐데, 그런 기록이 전혀 없어.

그러면 왜 이런 거짓 이야기가 떠도는 것일까?

일제 강점기 때 책과 신문에 김정호 관련 이야기가 실렸어. 조선 후기, 조선의 지도들이 정확하지 않아 김정호가 지도를 만들겠다고 백두산을 비롯해 전국을 직접 찾아다녔다는 내용이야. 이미 조선에는 정확한 지도가 많이 있었는데 조선의 지도 제작 수준이 떨어진다고 일제가 왜곡한 거지.

또, 흥선 대원군이 김정호를 탄압했다는 거짓 이야기를 만들어 퍼트려 조선을 지도의 중요성, 특히 전국을 누비며 만든 실측 지도의 가치를 알지 못하는 무지한 나라로 만들려고 했다고 해. 이미 조선은 초기부터 지도의 중요성을 어느 나라보다 잘 알고 있었잖아.

이제라도 진실을 알았으니 전국 방방곡곡, 오대양 육대주에 널리 소문내어 주길 바랄게.

역사와 통하였느냐?

김정호가 훌륭한 지도를 만들 수 있었던 건, 자신이 좋아하고 잘하는 것을 일찍 깨달은 덕분이야. 좋아하는 일을 해서 돈도 벌고, 사회적으로 인정받는다면 얼마나 좋을까?

요즘 '평생직장'의 개념이 사라지고 있어. 정년이 보장된 공무원들이 갈수록 정년 이전에 관두는 일이 늘어나고 있어. 40대에 퇴직하는 대기업이나 은행 직원도 많아.

흔히들 100세 시대라고 하잖아. 60세 정년까지 직장을 다녀도 그 이후에 또 다른 일을 찾아야 하니, 정년을 채우지 않고 일찍 새로운 일을 찾겠다는 사람이 많아지고 있어. 청소년들이 성장해서 어른이 되면 한 직업을 평생 하지 않고 여러 번 바꾸게 될 거로 예측할 수 있지.

이렇듯 미래에 바뀌는 직업 풍토에 대비해 청소년들은 무엇을 준비해야 할까?

학교 성적을 높이는 것도 중요하지만 먼저 자신이 무엇을 좋아하는지, 강점이 무엇인지를 일찍 알면 유리하지. 좋아하는 일은 김정호처럼 즐겁게 할 수 있고, 더 잘하려고 고민하면서 노력하게 돼. 그러면 자연스럽게 인정을 받을 수 있어서 더 열심히 하게 돼. 이걸 선순환이라고 해.

반대로 싫어하는 일을 하면 어떻게 될까? 즐겁지 않으니 노력도 덜 하게 돼. 노력하더라도 억지로 한 거라서 성과도 좋지 않아. 그러면 또 의욕을 잃어서 더 하기 싫어질 테고 악순환의 반복이야.

청소년기는 공부하면서 무엇에 흥미를 보이고, 무엇을 잘하는지 파악하는 중요한 시기야. 그 소중한 시간에 시험을 잘 보려고 온종일 학원, 독서실에만 있으면 자신이 무엇을 좋아하고 잘하는지 알기 어려워. 다양한 경험을 하면서 많은 사람을 만나는 과정에서 자신의 적성을 발견할 수 있거든.

학교에서 하는 국어, 영어, 수학 중심의 공부 말고도 다양한 활동 또한 삶의 방향을 결정하는 중요한 공부라는 사실을 제발 잊지 마!

2장

반전 있는
역사 상식

조선 시대, 남자 요리사와 여자 군인이 있었대!

　요즘 방송에 요리사들이 많이 나오는데 남자 요리사가 대부분이지 않아? 그런데 예전에는 음식은 여자가 해야 한다고 생각한 적도 있었지. 지금도 그런 사람이 있다고? 귓속말로 조선 시대에 살다 왔냐고 여쭤 봐!

　그런데 믿기 어렵겠지만 조선 시대에 궁궐에서 음식을 했던 사람들이 남자였대. 그뿐인 줄 아니? 여자 군인도 있었어. 그리고 제주 바다에서 전복과 소라를 따는 해녀 일도 원래는 남자가 했다고 해. 도저히 못 믿겠다고? 지금부터 역사 속으로 함께 가 보자!

　먼저 조선 시대 남자 요리사의 세계를 살펴볼게.

　조선 시대 궁을 배경으로 하는 드라마를 보면 임금님의 식사인 수라를 궁녀들이 준비할 거야. 하지만 선조가 경수연을 위해 마련한 연회를 그린 그림인 「선묘조제재경수연도」를 보면 부엌에서 칼을 들고 있거나 음식을 나르는 사람들 모두 남자 요리사야. 이렇듯 조선 시대의 여러 자료를 살펴보면 궁궐 음식은 주로 남자들이 맡았어.

'대령 숙수'라는 말을 들어 본 적이 있니? '어명을 기다리며 대기하는 요리사'라는 뜻으로 '숙수'는 왕실의 전문 요리사를 칭해. 또한 숙수 밑에는 요리를 직접 하는 노비, '각색장'이 있었어. 이들도 모두 남자들이야. 이외에 만들어진 음식을 차리는 일을 돕는 역할을 여자들이 맡았지. 『세종실록』에도 수라간 출입 노비 388명 가운데 12명을 제외한 나머지는 모두 남성이라고 적혀 있어.

이렇게 수라간은 알고 있었던 것과는 달리 전문화된 남자 요리사들의 공간이었던 거야.

그런데 왜 남자들이 요리했는지 궁금하지 않니?

먼저, 한 나라를 다스리는 왕의 식사인 '수라'를 준비하는 수라간은 요리를 하는 단순한 부엌이 아니었어. 식사는 왕의 건강과 안전을 책임지는 가장 기본적이면서도 중요한 일이잖아. 그것은 곧 국가를 지키는 일이기도 했지. 그렇게 중요한 일을 남녀를 엄격히 구분했던 조선 시대에 여성들이 맡기는 어려웠을 거야.

그리고 요리는 예나 지금이나 힘든 일이야. 더구나 수도 시설이 없으니 물을 길어 와야 했는데 그것부터 고된 일이었어. 가마솥, 칼 등 조리 도구들도 엄청 무거웠으며 식자재를 옮기고, 다듬는 일을 하려면 힘도 좋아야 했지.

특히 까다로운 조리법으로 수백 가지 궁중 음식을 요리하기가 무척이나 힘들었어. 탕 하나 끓이는 데에도 보통 3~4시간이 필요하여 체력 좋은 남자도 견디기 힘들었어. 역사 기록을 보면 각색장 일이 너무 힘들어 모두 기피하니 앞으로 그 누구도 지원하지 않을 것이라고 걱정할 정도였지. 오죽하면 부역을 면제해 주거나 노비 신분에서 벗어나도록 해 주는 특단의 조치가 내려졌을까. 참고로 지역의 관아에서도 음식은 '칼자'라는 남자 요리사가 주로 맡았어.

그렇다면 왜 궁궐 요리를 궁녀들이 했다고 잘못 알게 되었을까?

일제의 압박 때문에 고종은 순종에게 왕위를 넘기게 돼. 이때 궁중 요리사들이 대부분 궁궐을 떠나 그 빈자리를 상궁들이 맡아서 수라를 차렸어. 그러다 보니 조선 시대에는 궁녀들이 수라를 만들었다는 오해를 낳은 거야.

그런데 또 한 가지 궁금한 게, 조선 시대 양반 집안에서는 남자들이 집안일을 했을까?

『열하일기』와 『허생전』 등을 쓴 연암 박지원은 요리를 잘했다고 해. 양반 출신인 그는 과거를 보지 않아서 관리가 될 수 없었는데 쉰 살이 넘어서야 하급 관리가 되었지. 그래서 경제적으로 어렵다 보니 부인을 도와 집안일을 했다고 해. 그러다가 부인이 일찍 세상을 떠나자 직접 여러 가지 반찬을 만들어 멀리 사는 자식들에게 보내기도 했지.

『쇄미록』을 쓴 조선 중기의 학자 오희문도 요리에 관심이 많아서 된장, 식혜를 직접 담갔어. 조선 초기의 양반 김유는 요리책인 『수운잡방』을 썼어. 수운은 격조 있는 음식, 잡방은 여러 가지 방법을 뜻해.

이렇듯 조선 시대에 부엌이 여자만의 공간이었다는 것은 잘못된 편견이야.

조선 시대, 나라를 지키는 군역은 당연히 남자들만 했다고 생각하겠지? 그런데 제주에서는 여자들도 당당하게 국방의 의무를 했어. 그 까닭이 알고 싶다면 제주의 역사를 이해해야 해.

조선 시대에 제주 사람들의 삶은 무척 힘들었어. 땅이 척박해 농사를 짓기 어려웠고, 화산 지형이라 논농사는 더욱 힘들었지. 악조건 속에서 열심히 농사를 지어도 태풍이 휩쓸고 가면 모든 노력이 수포로 돌아가기 일쑤였어. 또 왜구가 침입하면 싸우다 죽는 사람도 많았지.

그게 끝이 아니었어. 중앙에서 내려온 관리들이 세금을 더 걷거나 괴롭히기 일쑤였어. 지금처럼 낭만적이고 환상적인 관광지가 아니었어. 특히 한양으로 보내는 진상품 마련하기가 힘들었지. 제주의 진상 품목은 말, 귤, 전복, 미역 등이었는데 특히 말을 키우고, 귤을 재배하기가 만만치 않았지.

참다못한 제주 사람들이 다른 지역으로 도망을 가 버리자, 나라에서는 배를 타고 다른 지역으로 나가려면 관청의 허가를 받도록 출륙 금지령을 내렸어.

제주 여성은 다른 지역 남성과 결혼도 금지했지. 그게 끝이 아니야! 고기잡이를 할 때는 작은 배 '태우'만 탈 수 있었어. 배를 타고 도망칠 수 없도록 미리 막은 거야. 제주 바다는 험하기로 유명해서 태우를 타고 고기를 잡다가 남성들이 목숨을 많이 잃었어.

1600년대, 김상헌이 제주를 돌아보고 쓴 기행문인 『남사록』을 보면, 당시 제주 인구가 2만 2천여 명이라고 적혀 있어. 그중 남자가 9천 명, 여자는 1만 3천 명으로 여자가 더 많았다고 해.

이런 여러 가지 이유 탓에 남성 수가 줄자 여자 군인인 '여정'이 생겨. 역사 기록에는 남정이 500명, 여정이 800명이라고 적혀 있어. 남성 중심 사회에서 남자보다 여자 군인이 더 많았다니 믿기 어렵지? 물론 제주의 지역적 특성 때문이지만 여자들도 당당히 나라를 지켰다는 점을 주목해야 해.

제주도 하면 바다에 들어가 전복, 성게, 소라 등의 해산물을 따는 여성인 해녀도 떠오를 거야.

해녀를 알기 전에 포작인을 먼저 알아야 해. 깊은 바다에 들어가 전복을 캐는 일은 매우 위험해서 '포작인'이라고 부르는 남성들이 했어. 그들은 진상품을 운반하는 뱃일 요역(백성에게 대가 없이 부과하던 일)까지 해야 했지. 여성들은 바닷가에서 미역 등 해조류를 수확했는데 그들을 잠녀라고 불렀어.

훗날 남자들이 도망치거나 바다에서 목숨을 많이 잃은 탓에 잠녀들이 바다에 들어가 전복을 따야 했고, 그 이후 일제 강점기부터 해녀라고 불렸지.

우리 사회가 해녀를 주목하는 이유가 있어. 과거에는 남성들이 주로 돈을 벌었는데, 제주에서는 해녀들도 당당하게 돈을 벌어서 가족을 부양하고 제주 경제를 떠받쳤어.

남자, 여자가 하는 일이 따로 있다고 구분하는 것은 고정 관념일 수 있어. 누구나 적성을 살리고, 능력을 키워서 원하는 어떤 일이든 할 수 있다는 점, 잊지 마!

21세기를 살고 있는 요즘에는 우리 사회에 남녀 차별이 없을까?

많은 회사에서 승진하는 데 남녀 차별이 없다고 하지만 여전히 여성이 승진할 때 차별을 받는다고 해. 그래서 여자가 고위 공무원이 되거나 대기업의 임원이 되면 '여성 최초'라고 수식어를 붙이면서 화제가 되잖아.

과거, 문제가 되었던 텔레비전 광고 문구를 하나 소개할게.

"전구 교체할 땐 아빠, 컴퓨터 교체할 땐 오빠."

어때? 이상한 점 없니? 이 광고는 여성이 스스로 문제를 해결하려 하지 않고, 남성한테 도와 달라고 하는 모습이라서 남녀 역할에 대해 고정 관념을 갖고 만들었다며 비판받았지.

이렇듯 남녀 역할에 대한 고정 관념은 아직도 방송 광고, 드라마, 영화에서 나타나. 특히 청소년이 즐겨 보는 드라마나 예능 방송에서 이런 모습을 보여 주면 자신도 모르게 잘못된 생각을 받아들일 위험이 있지.

혹시 주변에 아직도 "남자가 무거운 것도 못 들어?", "남자가 왜 툭하면 우냐?", "여자가 음식도 못 하냐?", "여자가 좀 예쁘게 꾸며라!" 등등 이렇게 말하는 사람이 있어?

우리가 버릇처럼 내뱉는 남자다움, 여자다움 또한 우리 사회가 만들어 낸 고정 관념이야. 혹시 여러분 자신도 모르게 남자답다, 여자답다라는 말에 맞추려고 애쓰는 것은 아닐까? 그런 고정 관념에서 벗어나야 자유로워지고, 자신의 개성을 마음껏 보여 줄 수 있어.

이제 누군가가 만들어 낸 남자다움, 여자다움에서 벗어나 내 모습, 내 성격 그대로를 사랑하는 '자신다움', '나다움'을 찾자.

조선 사람들은 떡방 유튜버들?

요즘에는 빵, 과자, 라면 등 밀가루 음식과 여러 가지 과일을 많이 먹어서 쌀밥은 적게 먹는다고 해. 통계청 조사에 따르면, 1970년에는 1인당 쌀을 136.4kg 소비했는데, 2023년에는 56.4kg으로 대폭 줄었어.

그렇다면 조선 시대 우리 조상님들은 얼마나 밥을 많이 드셨을지 궁금해지네.

조선 세조 때 역사 기록을 살펴보면 관리 홍일동은 진관사에 가서 밥 세 대접, 떡 한 그릇, 국수 세 그릇, 두부 아홉 그릇, 청포묵 아홉 그릇을 한 끼에 먹었다고 적고 있어. 그것으로 끝이 아니야! 산 아래에서 찐 닭 두 마리, 물고기국 세 주발, 생선회 한 쟁반과 함께 술 사십 잔을 꿀꺽했어. 상상만 해도 속이 더부룩해서 소화제를 두 병이나 마시고 싶다고? 푸드 파이터, 먹방 유튜버를 능가하는 식사량이야!

이순신 장군이 남긴 기록에도 임진왜란 때 군대에서 식량난이 심각해 하루에 쌀 다섯 홉 이하로 먹이고 있다고 했어. 그런데 그 양이 요즘 기준으로 밥 다섯 그릇이야. 적게 먹어서 이 정도라면, 식량난이 없던 때는 얼마나 많이 먹었던 것일까?

조선의 풍속 화가 김홍도의 그림 「점심」을 보면 백성들의 밥그릇이 어마어마하게 큰 것을 알 수 있어. 또 조선 전기의 문신 이극돈이 올린 상소문을 보면, 풍년이면 음식을 아끼지 않고 중국인이 하루 먹을 양을 한 번에 먹어서 문제라고 했어. 결론적으로 우리 조상님들은 정말 엄청나게, 너무 과하게 많이 드셨어.

외국인들은 조선 사람들이 밥 먹는 모습을 어떻게 보았을까?

1800년대 말, 조선을 찾은 영국 여행가 이자벨라 버드 비숍은 조선 사람은 보통 3~4인분을 한 번에 먹는다고 책에 적었어. 3~4명이 앉은 자리에서 20~25개의 복숭아와 참외를 먹는다고 했으니, 놀랍지? 그리고 많이 먹어서 소화기 질환이 흔하다고 덧붙였어. 또 어떤 외국인은 60대 중반의 노인이 식욕이 없다면서 밥 다섯 그릇을 먹었다고 기록했어. 입맛이 좋았다면 얼마나 드셨을지는 상상에 맡길게.

"에이, 거짓말! 우리 조상들이 설마 그렇게나 많이 드셨을까?" 하는 생각이 들었다면 인터넷에 올라온 '조선의 밥그릇' 사진을 검색해 봐. 여기서 놀라운 점! 이렇게 많이 먹었는데도 조선 시대 그림이나 구한 말 사진을 보면 뚱뚱한 백성을 찾기 어려워.

그렇다면 우리 조상님들은 왜 이렇게 많이 드셨을까?

아마도 고기나 단백질을 많이 먹을 수 없었으니 탄수화물로 배를 채웠을 거야. 그리고 온종일 힘든 농사를 지으려면 많이 먹어야 했겠

지. 교통수단이 없어 걸어 다니느라 활동량도 많았으니까 당연히 음식도 소화가 잘됐겠고.

마지막으로 그때는 하루에 두 끼만 먹었으니 한 번에 많이 먹어야 했어. 그래서 조선 시대, 식사를 뜻하는 말이 조석이야. 조반(아침밥)과 석반(저녁밥)을 합친 말이야. 아침, 저녁에만 밥을 먹었다는 뜻이지.

그러면 언제부터 점심을 먹어 세끼 식사를 했을까?

점심(點心)은 절에서 스님들이 수행할 때 마음에 점을 찍듯 대추 몇 알 정도 먹는 음식을 뜻해. 너무 많이 먹으면 졸려서 참선하거나 일할 때 방해가 되잖아.

불교 문화가 점차 백성들에게 퍼져 나가 점심이 아침과 저녁 식사 중간인 낮에 먹는 식사가 된 거야. 조선 시대 기록을 보면 백성들도 모내기하거나 벼를 수확할 때 허기가 져서 중간에 밥을 챙겨 먹었어. 집안 살림 요령을 정리한 17세기 기록을 보면, 사내종에게는 1년에 6개월은 두 끼, 나머지 6개월은 세끼를 먹이라고 했어.

그러다가 근대 이후, 사람들의 활동 시간이 늘어나면서 중간에 점심을 챙겨 먹어야 일을 할 수 있게 된 거지. 특히 전기가 발명되면서 밤늦게까지 일하는 사람이 늘었으니 더 먹어야겠지? 요즘에는 식사 외에도 빵이나 과자, 과일, 당분이 많은 음료까지 챙겨 먹느라 다섯 끼는 될 거야.

그렇다면 조선 시대 왕도 두 끼만 먹었을까? 놀랍게도 왕은 하루에 다섯 끼를 먹었어. 두 끼를 먹는 시대답게 아침과 저녁에는 우리가 알고 있는 산해진미가 가득한 수라상을 받았어. 12가지 반찬이 올라와서 12첩 반상이라 불렀고, 육류와 생선이 빠지지 않았지. 나머지 세

번의 식사는 간단한 음식들로 허기를 달랬어.

문제는 이렇게 고열량, 고단백질의 음식을 먹고 산책을 제외하고는 운동을 하지 않아 비만이 된 왕이 많아. 업무도 많고, 스트레스까지 더해져 왕들은 대체로 건강하지 않았어.

흥미로운 이야기를 해 줄게.

조선 시대 궁궐에서 근무하는 관원들도 집에서 밥을 먹고 출근하여 퇴근 후 저녁을 먹었지. 그런데 야근을 하게 되면 집에서 여종이 음식을 배달해 왔대. 여럿이 도시락을 먹다 보면 누가 더 맛있는 반찬을 가져왔는지 비교하게 되잖아. 그래서 어느 기록을 보면 도시락 반찬 경쟁이 붙어서 한 끼 식사를 마련하는 데 가난한 집 한 달 식비를 썼다고도 해. 심지어 돈이 없으면 빌려서까지 반찬을 마련했대.

지금까지 조선 시대 식사 풍경을 살펴보았어. 대식가 조상님들의 식사 전통을 이어 가겠다는 핑계를 대면서 더 많이 먹는 것은 아니겠지? 물론 맛있게 먹으면 0칼로리라고 하지만, 너무 많이 먹으면 건강에 해로워!

식자재값이 오르고 1인 가구가 늘어나면서 우리나라의 식사 풍경도 많이 달라졌어. 사람들은 저렴한 패스트푸드, 밀키트, 편의점 간편식을 많이 찾고 있어. 또 스마트폰 배달 어플 덕분에 배달 음식을 찾는 사람도 늘고 있어.

청소년을 비롯해 직장인, 대학생들이 편의점에서 도시락, 김밥, 컵라면으로 값싸게 한 끼를 때우는 모습은 이제 너무 익숙해. 특히 1인 가구가 급속도로 늘면서 집에서 편하게 요리할 수 있도록 재료와 양념이 함께 포장된 밀키트가 점점 인기를 얻고 있어. 한국농수산식품유통공사(aT)에 따르면 2019년 1000억 원이었던 국내 밀키트 시장 규모는 2025년에 7000억 원이 넘는 규모로 커질 것으로 예상해.

하지만 이런 음식 대부분은 짜거나 달아서 자주 먹으면 자극적인 맛에 길들여질 수 있어. 또 열량도 높아서 청소년들의 성장에는 도움이 되지 않지. 많이 팔리는 밀키트 100개의 성분을 조사했더니 이 가운데 51개에서 1인분 나트륨 함량이 세계보건기구(WTO)의 1일 나트륨 섭취 기준치(2000mg)를 초과한 것으로 조사됐어. 짜고 매운 음식은 고혈압, 신장 질환 등 여러 질병의 원인이 될 수 있으니 주의해야 해. 그리고 패스트푸드, 밀키트, 간편식 등을 먹으면 속이 더부룩해서 탄산음료도 함께 마시게 되는데 그 음료에도 당분이 많아서 몸에 해로워.

이렇게 청소년들이 고열량의 단 음식을 좋아하면 비만과 소아 당뇨병이 증가하고, 면역력이 떨어질 수 있어. 건강보험심사평가원의 자료를 보면 10대 비만 환자는 2017년 1200여 명에서 2021년에는 4400여 명으로 4배 가까이 증가했어.

앞으로는 열량은 높고 영양가도 없는 음식을 먹을 때면 몸에 좋은 채소도 함께 먹는 습관을 갖도록 해 봐.

임금님이 내리는 약은?

역사 드라마에서 장희빈이 사약을 마시더니 사발을 떨어트리면서 피를 토했다고? 그 장면이 슬퍼서 눈물이 멈추지 않아 태평양을 이뤘다고? 공감 능력이 최고네!

일단 슬픔을 가라앉혀. 그 장면, 사실은 거짓이거든. 역사 드라마에 자주 나오는 장면 중에 잘못된 것 몇 가지만 말해 줄게.

첫 번째는 세자가 왕위에 등극하는 장면을 보면, 멋진 옷을 입은 신하들이 경복궁 근정전 앞에 모여서 축하를 하잖아. 물론 악기 연주도 하고, 궁녀들이 신나게 춤도 출 거야.

하지만 세자가 왕위에 오르는 때를 생각해 봐. 전대 왕인 아버지가 돌아가신 직후, 즉 장례 기간에 즉위식을 해야 해. 조선 시대는 유교 절차에 따라서 장례식을 엄숙하게 진행하는데, 즉위식을 시끌벅적하게 할 수 없어. 당연히 복장도 화려한 옷이 아니라 흰색 상복을 입지.

두 번째는 사약을 마신 직후의 모습이야.

먼저 사약의 뜻을 제대로 알아야 해. 사약의 '사' 자가 한자로 '죽을 사(死)'라고 생각하지만 '내릴 사(賜)'야. '왕이 내린 약'이라는 뜻이야. 물론 사약의 뜻이 달라진다고 해서 보약이 되지는 않지.

사약은 황산, 염산 같은 화학 약품을 원료로 하지 않고, 독성이 강한 약재들을 넣어서 만들었어. 그래서 드라마에서 보는 것처럼 사약을 마셨다고 바로 각혈을 하며 그 자리에서 죽지는 않아.

그러면 사약을 마신 뒤 어떻게 되는지 궁금하다고? 그 장면이 잔인하지만 이야기해 줄게.

사약을 마신 죄인을 방에 가두고 방문에 나무를 덧대어서 절대로 밖으로 나올 수 없도록 막아. 그러고는 아궁이에 불을 때서 방을 뜨겁게 해. 그러면 체온이 올라가면서 사약의 독성이 몸에 천천히 퍼져 고통이 시작되는 거야. 죄인이 견디기 힘들어 밖으로 나가려고 발버둥 치지만 방문을 열지 못하게 막았으니 방법이 없지. 그렇게 하루 정도 지나면 오장육부가 다 상해 각혈을 하면서 죽게 돼.

이번에는 조선 시대의 형벌 제도를 살펴볼까?

조선 시대 법률에는 '태장도유사'라는 다섯 가지 형벌이 정해져 있어. '태형'은 작은 형장으로 때리는 가장 약한 벌이야. '장형'은 큰 형장으로 볼기를 때리는데, 살점이 튀고 맞다가 죽을 수도 있지. 장형을 생각하면 흥부가 떠올라. 가난한 백성이 돈을 받고 양반 대신 매를 맞는 매품팔이가 있었어. 흥부도 매품팔이를 하며 생계를 이어 나갔잖아.

'도형'은 다른 지역으로 보내서 강제로 일을 시키는 거야. '유형'은 유배라고도 하는데 한양과 멀리 떨어진 곳에 죄인을 보내서 돌아오지 못하게 하는 벌이야. 주로 정치범들이 유배형을 받았어.

마지막으로, '사형'은 죄인을 죽이는 최악의 벌로 그중 하나가 사약을 받는 거야. 사형은 집행 방식이 다양한데 너무 잔인해서 구체적으로 설명하지는 않을게.

조선 시대에는 사형만큼 잔인한 고문도 있었어. 대부분의 형사 재판이 범죄자한테 자백을 받아야 해서 잔혹하게 고문했지. 특히 역모 사건이 벌어지면 왕이 직접 신문하는 '친국'을 했어. 역사 드라마에서 자주 나오는 주리 틀기도 고문의 일종이야.

형벌 제도를 알아봤더니 재판 과정도 궁금하다고?

개인 간의 분쟁을 대상으로 하는 민사 재판이나 태형 이하의 형사 재판의 1심은 고을을 다스리는 현감, 목사, 군수 등이 맡았어. 그들을 사또라고도 불렀는데 한자로는 '사도(使道)'야. 발음하기 편하게 사또가 된 것이지.

1심 재판을 받았는데 결과가 만족스럽지 못하거나, 사또가 불공정하게 판결했다면 상급 관리인 관찰사나 암행어사에게 재심을 요청할 수 있어. 유형 이상의 형사 사건과 민사 사건의 항소심(2심)이 그 대상이야.

마지막으로 민사 사건의 상고(3심), 반역죄, 살인죄 등 중대 범죄는 한양에 있는 형조, 사헌부에서 재판을 받을 수 있어. 억울한 피해자가 나오지 않도록 지금과 같이 3심제였지.

이렇게 관청의 도움을 받아도 해결이 안 되는 억울한 일을 당한 백성은 어떻게 했을까? 그들을 위해 신문고와 격쟁 제도가 있었어.

신문고는 백성이 임금한테 직접 호소하고 싶을 때 칠 수 있도록 대궐에 설치한 북이야. 그 취지는 상당히 좋았는데, 실제로는 사용하기 어려웠어. 고을의 수령이나 관찰사한테 도움을 요청했으나 해결하지 못한 일만 호소할 수 있었거든. 또 신문고가 한양에 있다 보니 지방에 사는 백성들은 구경하기도 어려웠지.

격쟁은 억울한 일을 당한 사람이 임금이 지나가는 길에 나가 징이나 꽹과리를 쳐서 하소연하는 제도야. 특히 정조 때 격쟁이 활발해서 수많은 백성이 적극적으로 자신의 의견을 전했다고 해.

이렇게 조선 시대에도 백성들이 억울한 일을 당하지 않도록 다양한 제도가 있었어. 오늘날의 사법부에서도 재판 과정에서 억울한 피해자가 나오지 않도록 더 노력해야겠어.

요즘 범죄가 늘면서 흉악범을 사형해야 한다는 목소리가 높아지고 있어.

사형을 찬성하는 쪽에서는 엄정하게 법을 집행해 자신의 잘못에 대한 책임을 져야 한다고 주장해. 또 경각심을 줘서 범죄 예방에 도움이 될 것이고, 흉악범이 훗날 출소해서 다시 범죄를 저지를 수 있으니 막아야 한다는 생각이지.

반면 사형을 반대하는 쪽에서는 사형이 반인권적이며, 사형을 도입한다고 극악 범죄가 줄어든다는 근거가 없다고 목소리를 높이고 있어. 또 수사 과정에서 가혹한 고문을 못 견뎌 허위 자백을 해서 억울하게 사형당할 수도 있고, 재판 결과가 잘못돼 억울한 피해자가 나올 수 있어서 신중하게 접근해야 한다고 주장하지.

우리나라 사법부에서도 과거에 불공정하게 재판해 억울한 피해자가 나왔다며 사죄하기도 했지. 수십 년이 흘러 재심을 했더니 다른 결과가 나온 경우도 많아.

20세기 이후 여러 나라에서 사형 제도를 폐지하고 있지만, 일부 국가에서는 여전히 시행하고 있어. 우리나라에서도 사형 제도 폐지에 대한 논의가 있었지만, 2010년에 헌법재판소에서 합헌이라는 판결을 내렸어. 그러나 1997년 12월에 마지막으로 사형을 집행해서 국제 사회에서는 사형제 폐지 국가로 인식하고 있어.

사형제를 둘러싼 의견이 팽팽하다 보니, 임시 석방이 없는 종신형을 도입해 범죄자를 사회로부터 영원히 격리하자는 의견이 힘을 얻고 있어. 하지만 반대 목소리도 있어. 현재의 무기 징역만으로도 충분히 흉악범을 격리할 수 있는데, 임시 석방 없는 무기 징역이 생기면 전체적인 형벌 수위를 높일 수 있다고 우려하고 있어. 또 임시 석방이 있는 무기 징역은 범죄자가 출소를 목표로 반성하며 새로운 삶을 살 수 있는데, 임시 석방 없는 종신형은 희망을 잃은 범죄자가 교도소 내에서 문제를 일으킬 수 있다는 지적도 있어.

조선 시대, **해외여행**을 한 **백성들이** 있었다고**?**

가족여행으로 해외를 다녀왔다고? 요즘은 여권과 항공권만 있으면 언제든 외국으로 나갈 수 있어. 하지만 1989년 해외여행 자유화 전에는 유학, 취업, 출장 등의 목적이 아니면 외국에 가기 어려웠어.

그렇다면 조선 시대 때는 어땠을까? 조선 정부는 백성들이 외국에 가는 것을 법으로 막아 거의 불가능했어.

그런데 조선 시대에도 외국에 다녀와 여행기를 남긴 사람들이 있었어. 다만 그들은 목숨을 건 여행을 했었지. 그들이 왜 그런 위험한 여행을 했는지 궁금하다고?

먼저, 제주 선비 장한철을 소개할게.

그는 지방에서 치르는 과거, 향시에 급제해 대과를 보러 한양에 가야 했어.

1770년(영조 46년), 장한철 등 29명은 장삿배에 올라 육지로 가는데,

태풍이 몰아쳤어. 폭풍우 속에서 3일간 표류하다가 일본 류큐 열도에 있는 무인도에 도착했어. 류큐는 지금의 일본 오키나와로 당시는 독립 해상 국가였지. 그곳에서 장한철은 왜구들에게 약탈당하는 등 수모를 겪다가 운 좋게 안남(베트남) 상선의 도움을 받아 가까스로 조선으로 향했어.

여기까지만 보면 다행이라고 할 수 있는데, 또 시련이 닥쳤어. 흑산도 근처에서 사고가 나서 8명만 살아남아 힘들게 고향으로 돌아왔지.

장한철은 한 편의 드라마 같은 여행을 『표해록』으로 남겼어. 조난 순간부터 어느 바다와 지역을 거쳤는지, 그리고 계절풍이 어떻게 바뀌었는지 등이 상세하게 담겨 있어서 지리책으로도 손색이 없다는 평가를 받아. 장한철이 살았던 제주 애월에 그가 살았던 집을 복원해 놓았으니 제주에 가면 한 번쯤 들러 보시길!

두 번째 만나 볼 사람은 흑산도 어부 문순득이야.

1802년 1월, 문순득은 홍어를 팔러 나갔다가 풍랑을 만나 표류했고, 운 좋게 류큐 섬에 닿았어. 그곳에서 그는 융숭한 대접을 받으며 류큐어를 배웠어.

그러던 중, 중국으로 가는 배에 올라서 조선으로 돌아오는데, 하늘은 문순득 편이 아니었지. 또 태풍을 만난 거야. 정처 없이 떠다니다가 이번에는 여송국(필리핀 루손)에 닿았어. 그는 두 번의 시련에도 좌절하지 않고 그곳에서 필리핀의 전통문화와 언어를 배우며 열심히 살았어. 그리고 마침내 또 기회를 잡아 마카오로 향하는 배를 얻어 탔어. 다행히 마카오에 무사히 도착했고, 걸어서 중국 북경을 거쳐 1805년에 조선으로 돌아와 3년 2개월의 대장정을 끝내.

고향에서 문순득은 흑산도로 귀양 온 실학자 정약전을 만나서 필리핀의 전통문화, 풍습, 음식 등을 자세하게 전했어. 정약전은 그 내용을 『표해시말』이라는 책에 남겨 놓았어.

특히 정약전의 동생, 정약용은 여송국에서 사용하는 화폐 이야기를 듣고는 조선의 화폐를 개혁해야 한다고 주장했어. 또 제자를 문순득에게 보내 다른 나라의 항해술을 듣도록 했지.

이후, 제주에 여송국 사람들이 표류했을 때, 문순득이 통역했다고 『순조실록』에 적혀 있어. 문순득을 우리나라 최초의 필리핀어 통역사라고 해도 되겠지?

마지막으로 최부도 빼놓을 수 없어.

제주에 파견된 관리였던 최부는 아버지가 세상을 떠났다는 소식을 듣고 1488년에 고향으로 가려고 배를 탔어. 그런데 배는 추자도 인근 해역에서 풍랑을 맞아 표류하다가 14일 만에 중국 절강성 임해현에 다다랐어. 왜구로 오해받아 죽을 뻔했지만 조선 관리라고 밝혀 다행히 살아남았어.

이후 최부 일행은 항주와 소주를 거쳐 양쯔강을 건넜어. 그리고 산둥성과 허베이성을 지나 북경에 가서 명나라 황제의 도움을 받아서 안전하게 조선으로 돌아왔지. 물론 그 과정을 『표해록』에 자세히 담았어.

그때까지 조선에서 사신으로 중국을 다녀온 사람들이 남긴 여행기는 대부분 북경 지역 중심이었어. 최부처럼 배를 타고 중국으로 가 남부 지방까지 살펴본 사람은 없어서 그의 여행은 더 특별했어.

『표해록』은 15세기 중국의 풍습, 문화, 풍경 등이 구체적으로 기록되어 있어서 연구 가치가 높다고 평가받아. 일본 승려 엔닌의 『입당구법순례행기』, 마르코 폴로의 『동방견문록』과 함께 3대 중국 견문록으로 꼽히지.

장한철, 문순득, 최부 외에도 수많은 사람이 바다를 건너다가 표류해서 외국에 갔을 거야. 하지만 기록을 남기지 않아 누가 그런 경험을 했는지 전해지지 않아.

이들 세 사람은 자신이 쓴 기록이 수백 년이 흘러서 역사책으로, 여행기로 인정받으리라 생각하지 않았을 거야. 개인적인 경험을 기록했을 뿐인데 훗날 역사와 지리서로 남게 되다니, 우리가 쓰는 일기도 그런 가치를 인정받을 날이 올까?

앞으로 여행을 다녀온다면 짧게라도 여행기를 쓰면 어떨까? 글쓰기가 어렵다면 사진이나 영상으로 남겨도 좋고!

장한철, 문순득, 최부는 조선을 떠나 다른 나라에 갔을 때 무슨 생각이 들었을까?

아마도 처음에는 조선과 다른 자연환경, 사람들의 외모, 옷차림, 풍습, 언어를 보면서 놀랐을 거야. 그러다가 종교, 여성의 역할, 산업 구조, 교육 방식 등이 조선과 다를 테니 조선의 방식만이 옳은 것은 아니구나, 이런 생각도 했을 거야. 그 지점이 우리가 여행을 가는 까닭이고, 다른 사람들과 교류해야 하는 이유야.

늘 같은 공간에 있으면 익숙한 것만 보고, 같은 사람만 만나다 보니 새로운 생각을 할 수 없어. 그런데 낯선 곳으로 여행을 가면 그 익숙함에서 벗어나 새로운 것들을 보며 생각의 폭이 넓어져. 특히 낯선 사람들과 그들의 삶의 방식을 경험하면서 지금까지 정답이라고 생각하며 옳다고 믿었던 것을 다시 돌아보는 여유를 찾을 수도 있지.

또, 여행을 가면 예측할 수 없는 갑작스런 일도 일어날 거야. 그때마다 어려운 상황을 견디며 스스로 문제를 해결하고 답을 찾아야 하는데 그 과정에서 한층 성장하게 되지.

요즘에는 꼭 많은 돈을 들여서 외국 여행을 가지 않아도 돼. 인터넷에 올라오는 외국 여행, 탐방 영상들을 보며 간접 경험을 할 수 있지.

또 시내버스를 타고 낯선 동네를 가 보는 것도 여행이야. 창밖을 보며 종점까지 가면서 다양한 풍경, 지나가는 사람들을 볼 수 있잖아. 그렇게 우리는 또 조금씩 성장하는 거야.

의사와 통역관이 인기 없는 직업이었다고**?**

너희는 나중에 어떤 직업을 갖고 싶니? 2023년 교육부 조사 결과를 보면 초등학생은 운동선수, 의사, 개인 방송 크리에이터이고, 중학생은 교사와 의사, 고등학생은 교사와 간호사를 원한다고 해. 코딩 프로그래머, 소프트웨어 개발자를 미래 직업으로 선호하는 사람도 늘고 있대.

2012년 조사에서 상위권에 올랐던 공무원이 이번 조사 결과에서는 보이지 않아. 월급이 적고, 민원이 많아 점점 젊은이들에게 인기가 없어져서겠지. 이렇게 직업은 시대의 흐름에 맞춰 인식이 변화해.

그렇다면 조선 시대 때 인기 직업은 무엇이었을까? 그때도 의사, 통역관, 회계사, 변호사를 하고 싶어 했을까?

조선은 신분제 사회라서 직업 선택이 자유롭지 않았어. 양반은 과거에 급제해 이름을 날리는 '입신양명'을 효도로 생각해 어린 시절부터 유교 경전을 공부했어.

양반이 아닌 평민은 대부분 농사를 지었어. 조선은 농업을 가장 중요하게 여겼잖아. 천민은 부모의 직업을 물려받아 원하지 않아도 그일을 해야 했지.

이 가운데 가장 흥미로운 계층이 중인이야.

중인은 지금으로 치면 의관(의사), 역관(통역관), 율사(변호사), 산사(회계사) 등을 주로 맡았어. 그 일이 기술직이라서 양반은 하찮게 여겨 관직도 많이 배정하지 않았지. 게다가 관직을 얻더라도 고위직으로 승진하기 어려웠어. 또 중인 관직을 가진 사람의 자손은 문과에 응시할 수 없어서 그 일을 세습할 수밖에 없었어.

오늘날 인기 있는 전문직인 통역관, 의사에 해당하는 역관과 의관에 대해서 알아볼게.

조선 정부는 백성들이 다른 나라로 나가는 것도, 외국인이 조선에 들어오는 것도 모두 막았어. 그러다 보니 공식 사절단만이 유일하게 외국에 나갈 수 있었어. 그때 따라가서 통역을 전문으로 하던 사람들이 바로 역관이었어. 그들은 외국 사신들이 조선을 방문할 때도 통역을 했어.

역관은 어떻게 선발하고 교육했을까? 역관은 중인 계층에 속했는데 대부분 세습되었어. 그 이유는 역관이 되려면 역관의 추천을 받아야 했기 때문이야. 그렇게 추천을 받아 선발되면 사역원에 들어가 본격적으로 외국어 교육을 받은 후 역과 시험을 봤지. 사역원은 조선 시대 때 외국어 번역 및 통역 일을 맡아 하던 부서야.

놀라운 사실은 역관이 조선 후기 최고 갑부가 되었다는 거야. 역관은 어떻게 해서 돈을 많이 벌었을까?

나라에서는 역관이 중국에 사신단으로 갈 때 월급이나 경비를 주지 않는 대신 인삼 무역을 할 권리를 줬지. 인삼은 중국과 일본에서 만병통치약으로 불릴 만큼 인기가 높았어. 당시 무역상들은 청나라의 관문인 책문에서 청나라 상인과 인삼을 거래했는데, 역관은 청나라의 수도 북경까지 가서 인삼을 팔 수 있어서 수익이 더 컸지.

또 역관은 청나라에서 책, 비단 등을 수입해 양반에게 팔아 이윤을 남겼어. 그뿐만 아니라 일본인이 원하는 물건을 중국에서 사다가 되팔아 중개 무역으로도 돈을 벌었어. 이쯤 되면 역관을 무역상이라고 해도 되겠지?

돈을 많이 번 대표적인 역관은 변승업인데, 그의 할아버지가 연암 박지원이 쓴 『허생전』에 나오는 변 부자의 모델이 되었지.

역관은 왜 돈 버는 데 집중했을까?

양반 중심의 사회에서 정치적으로 성공할 수 없으니 경제 분야에서라도 힘을 키우고 싶었던 거야. 특히 조선 후기가 되면서 돈을 많이 벌면 양반 못지않은 대접을 받을 수 있었으니까.

유명한 역관을 소개할게.

김지남은 청나라의 화약 생산 기술을 알아내 조선에 전했어.

추사 김정희의 절친이자 제자인 이상적도 있지. 제주로 유배를 간 추사 김정희가 원하는 책을 거금을 주고 북경에서 사다 줄 정도로 각별했어. 명작 「세한도」도 김정희가 이상적에게 그려 준 그림이야.

무엇보다 우리가 역관을 주목해야 하는 까닭이 있어. 역관은 중국에 자주 가서 양반보다 세상의 변화를 일찍 알고 있었다는 점이야.

중국 북경의 유리창 거리에는 서점이 많았는데, 그곳에서 세계의 좋은 책들이 대부분 거래되었어. 역관은 그 책들을 통해 세상의 흐름을 읽고 어쩌면 조선의 앞날도 예측하지 않았을까? 또 그들이 가져온 흥미로운 소설책들이 조선 후기 사회를 변화시키는 씨앗이 되기도 했어.

이번에는 또 다른 직업, 의원에 대해 알아볼게.

조선 시대 의원은 두 가지로 나눌 수 있어. 국가에서 인정한 전문 의원으로 잡과에 합격해 관리가 되는 '의관'과 지역에서 사람을 치료하는 '민간의'가 있었어. 민간의는 천민, 평민, 승려 등 신분을 가리지 않고 실력만 있으면 누구나 할 수 있었지.

조선 시대 의료 기관도 알아봐야겠지? 왕실 사람들을 진료하며 의학을 연구하는 '내의원'과 의관들을 뽑는 의과 시험 관리, 의서 편찬, 약재 재배 등을 담당하는 '전의감'이 있었어. 그리고 백성의 질병을 치료하는 '혜민서', 무의탁 병자를 간호하고 전염병을 관리하는 '활인서'가 있었어.

역사 드라마에 자주 나오는 내의원은 실력이 출중한 의관만 들어

갈 수 있었어. 민간의 중에 뛰어난 의술 실력이 있으면 특채로 뽑히기도 했어. 내의원 의관 중 '어의'는 임금의 건강을 책임지는 중요한 자리라 더욱 실력을 따졌지. 왕의 병을 고치는 데 큰 공을 세운 의관에게는 정1품 벼슬이 내려졌는데, 허준이 그 주인공이야. 아쉽게도 생전에는 신하들의 반대로 못 받았다가 사후에 받았지만 말이야. 그렇다고 해서 어의가 마냥 좋은 자리는 아니었어. 왕이 죽으면 그 책임을 져서 귀양을 가거나 심하면 목숨을 잃기도 했거든.

훗날 허준도 선조가 죽자 귀양을 갔고, 그곳에서 역작 『동의보감』을 써서 조선을 비롯해 동아시아 의술 수준을 한 단계 높였어. 참고로, 연암 박지원이 중국에 갔을 때 북경의 유리창 거리에서 팔리던 조선의 책은 『동의보감』이 유일했을 만큼 세계적으로 인정받던 베스트셀러였지.

여성 의료인인 의녀도 있었어. 양반의 부녀자들은 아파도 남자 의원에게 진료받기를 꺼려서 의녀가 필요했어. 드라마로 유명했던 '의녀 대장금'은 조선 시대의 실존 인물로 임금을 치료하기도 했어.

조선 시대에는 대부분의 의료 기관이 한양에 있어서 지방에 사는 백성들은 혜택을 볼 수 없었지. 그래서 의관보다 지역에서 활동하는 민간의의 역할이 더 컸어.

어느 시대, 어느 나라에서든 의사는 사람의 목숨을 다루는 일을 하여 아주 귀한 직업이야. 하지만 조선 사회에서는 권력을 가진 자들이 의원들의 능력을 인정하지 않고 얕잡아 보았어.

조선 후기 어느 지식인이 남긴 기록을 보면, '의학과 역학은 참으로 인재의 큰 창고인데, 사대부들은 역관 벼슬을 멀리하기 때문에 그 방

면의 사람을 들일 수 없으니 매우 한탄스러운 일이다.'라고 했어.

역관의 중요성을 인정하고 실력을 키우도록 하여 전문 외교관 역할을 맡겼다면 조선의 외교 정책을 세우는 데 크게 기여했을 거야. 또 역관들은 조선 후기의 경제 흐름을 파악하고 있어서 조선이 부강해지도록 그 방법을 찾았을지도 몰라.

어느 사회든지 발전하려면 다양한 재능과 실력을 인정하고 지원해 줘야 해. 그래야 재능 있는 사람이 과감하게 도전하며 능력을 꽃피울 수 있을 테니까.

사회가 경제적으로 불안정한 시대에는 돈을 잘 버는 일을 선택하는 경향이 있어. 그중 하나가 의대 진학 열풍이야. 경제협력개발기구(OECD) 통계를 보면, 2021년 한국 전문의 중 개업한 의사의 연봉은 전체 노동자 평균보다 6.8배 높았어.

이렇게 의사 직업이 돈도 많이 벌고, 사회적으로 인정받고, 정년 없이 오래 일할 수 있다 보니 의대 진학을 위해 초등학생 때부터 학원에서 운영하는 의대 진학반에 들어가 공부하는 경우가 많다고 해. 대학에 다니다가 중퇴해서 다시 의대로 진학하는 대학생도 늘고 있고.

예전에는 성적이 좋은 학생 중에서 적성에 맞아야 의대를 진학했는데 요즘에는 성적이 높으면 일단 의대를 지망하는 현상이 더 강해지고 있어. 의대 진학 후에도 외과, 소아과, 산부인과 등 필수 진료 분야는 힘들고, 돈을 많이 벌기 어려워 꺼린다고 해. 대신 피부과, 성형외과 등 수입이 좋은 분야로 의사가 몰려 양극화가 심해지고 있어.

또 의료 환경이 좋은 서울 및 수도권으로 의사가 쏠리다 보니 비수도권 지역에서는 진료를 받기 어렵다고 호소하지. 지역 병원에서는 몇 년째 의사를 못 구하기도 해. 한 섬마을 병원에서는 내과 의사 한 명이 하루에 환자 100명을 진료한다고 신문에 보도되기도 했어. 그뿐 아니라 지방의 어느 지역에서는 응급실이 없어서 환자가 빨리 진료를 받지 못해 심각한 상황에 이르는 경우도 있었지.

이렇게 비수도권의 의료 환경이 열악해서 환자들은 시간과 많은 돈을 들여서 수도권 대형 병원에 가서 진료를 받아야 하는 악순환이 이어지고 있어.

필수 의료 분야, 비수도권 지역에서도 환자들을 위해 열심히 일하는 사명감 있는 의사가 많이 나오기를 바라. 물론 정부에서 먼저 의사가 어디에서든 열심히 일할 수 있도록 여건을 개선해 줘야겠지.

임진왜란이 도자기 전쟁이었다고?

요즘 우리에게 가장 중요한 필수품이 뭐야? 책이라고? 손에서 책을 놓으면 안 된다고? 그런 자세 좋아! 전자책과 오디오북도 늘고 있으니 당연히 스마트폰이 필요하겠지? 전 세계 많은 사람이 스마트폰을 사용하므로 스마트폰을 만드는 기술력이 국가 경쟁력이라고 해도 과하지 않아.

옛날에는 어떤 물건이 지금의 스마트폰처럼 중요했을까? 믿기지 않겠지만 도자기였어. 어느 나라에서든 그릇이 없으면 음식을 담을 수 없으니 꼭 필요한 물건이었어. 그래서 인류 최초의 발명품을 토기라고 하잖아.

먼저 도자기의 뜻을 알아볼게.

도자기는 도기와 자기를 합친 말이야. 도기와 자기를 구분하는 방법은 여러 가지인데 간단하게 정리하면 도기는 800~1000°C에서, 자기는 1300~1500°C에서 만들어. 특히 자기는 잿물을 유약으로 사용하는데 나뭇재가 지닌 성분에 뜨거운 열이 가해지면 그릇 표면이 반들반들한 유리질로 변해 더 단단해지지.

자기는 중국에서 처음 만들었어. 중국은 자기를 수출해 돈을 많이 벌어서 강대국으로 성장할 수 있었어. 서양에서 중국 자기의 인기가 얼마나 높았던지, 자기를 영어로 '차이나(china)'라고 했어. 중국은 자기를 만들면서 화학 기술과 미술도 함께 발전했어.

한반도는 고대부터 중국과 교류하며 청자를 수입했어. 특히 통일신라는 귀족 문화가 발달하면서 당나라 문화를 받아들여서 차와 청자가 유행했어. 그러다 보니 중국 청자와 비슷하게 만드는 기술이 발달하여 그것이 고려청자를 생산하는 바탕이 되었지.

1123년, 고려에 사절단의 수행원으로 온 송나라 서긍이 남긴 글을 보면, 고려청자의 비색(고려청자의 빛깔과 같은 푸른색)을 언급하며 송나라의 여요와 비슷하다고 말해. 여요는 송나라 5대 도자기 생산 가마인데, 여요에서 만든 청자는 오묘한 하늘빛 비취색이 강점이었지. 청자를 가장 잘 만드는 송나라 사람들의 눈에도 고려청자는 아름다웠던 거야. 이후, 고려는 독자 기술인 상감 기법을 발전시켜 세계적으로 주목받는 상감 청자를 만들었어.

시간이 흘러서 청자 대신 흰색 바탕이 아름다운 백자가 유행해. 그러다가 서아시아의 질 좋은 염료인 코발트가 중국으로 전해지면서 코발트 안료를 덧입힌 청화 백자의 인기가 높아져. 코발트의 청색은 높은 온도에서 구워도 청색의 빛깔을 잃지 않았거든.

청화 백자는 세계적으로 사랑을 받아서 이슬람, 동아시아, 유럽의

상인들까지 자기를 사러 중국으로 몰려왔어. 기록을 보면, 1600년대 네덜란드의 동인도 회사가 수입한 중국 도자기가 무려 6천만 점이라고 해. 어마어마하지?

조선도 꾸준하게 백자를 만들었어. 하지만 수출용이 아니라 국내에서만 사용하는 수준이었어.

그 무렵, 조선에서는 도공을 사기장이라 불렀는데 천한 대접을 받았어. 조선은 기술자, 장사꾼을 낮게 보는 사회였으니까. 또한 국가에서 직접 운영하는 가마, 관요의 사기장은 대대손손 그 일을 물려받아야 하는 세습직이었어. 그러다 보니 직업 선택의 자유도 없었지.

그런데 왜 다른 나라에서는 자기 생산을 못 했는지 궁금하다고? 여러 가지 이유가 있었겠지만, 자기를 구우려면 1300℃ 고온에서도 부스러지지 않는 유리질 백토(고령토)가 필요한데, 그 흙을 구하기 어려웠던 것이지.

이후 세계 도자기 역사를 바꾸는 나라가 등장해. 바로 일본이야.

일본 도자기의 역사를 알려면 먼저 임진왜란부터 알아야 해. 임진왜란 때, 왜군이 조선 백성을 잡아가 다른 나라에 노예로 팔았어. 이때 도공들도 일본에 끌려갔어. 도공 이삼평은 사가현 아리타에 정착하여 그곳에서 질 좋은 고령토를 발견하고 도자기를 만들었어. 도공 심당길도 '사쓰마 도기'라고 부르는 독보적인 도자기를 생산했어.

조선 도공들 덕분에 일본도 본격적으로 도자기를 만드는 기술력을 갖추게 되었지. 마침 명나라가 무너지고 청나라가 들어서면서 어수선한 분위기 속에서 도자기 생산이 어려워졌어. 그러자 유럽 상인들은 일본 도자기를 주목했어.

때를 놓치지 않고 일본은 도자기를 만들어서 단숨에 중국에 이어 세계 2위의 도자기 수출국으로 올라섰어. 심지어 18세기 조선에서도 일본 도자기를 수입해서 사용했다고 하니 뭔가 허탈하지? 일본은 도자기를 수출해서 번 막대한 돈으로 근대화를 할 수 있었어.

일본은 조선과 다르게 도공들의 실력을 인정해 줬어. 이삼평은 일본에서 도자기의 신으로 추앙받았지. 조선의 도공들은 뛰어난 예술가이자 능력 있는 기술자였어. 그것을 조선의 지배층만 몰랐던 셈이야.

어떤 학자는 일본이 임진왜란을 일으킨 여러 가지 이유 중 하나가 유능한 도공들을 데려가려는 목적도 있었다고 해. 그래서 임진왜란을 '도자기 전쟁'이라고 부르기도 하지.

도자기의 중요성을 잘 알겠지? 이제부터 산에 갈 때마다 심마니가 산삼을 찾듯 도자기 파편을 주워 오겠다고? 혹시 그러다가 청자, 백자 유물을 발견하는 거 아니야? 그러면 나라에 꼭 신고해! 우리의 소중한 문화유산이잖아.

해외나 국내 미술 경매 시장에서 비싸게 거래되는 미술품을 꼽으라면 단연 조선 시대 '달항아리'야. 유명 연예인이 달항아리와 찍은 사진도 화제를 모았지.

해외에서 달항아리에 대한 사랑은 더욱 특별해. 2000년, 런던 대영박물관은 한국실을 개관하면서 주요 유물로 18세기 백자대호를 'Moon Jar(달항아리)'라는 이름으로 소개했어. 영국의 엘리자베스 2세 여왕은 달항아리를 보고 '세상에서 가장 아름다운 그릇'이라며 찬사를 보내기도 했지.

조선 후기를 대표하는 백자, 큰 항아리의 원래 이름은 백자대호(白磁大壺)야. 1950년대 김환기 화백과 국립중앙박물관장을 지낸 미술사학자 최순우 선생이 '달항아리'라는 투박하면서도 정감 있는 이름을 붙였다고 해.

사람들은 왜 이렇게 조선의 달항아리를 좋아할까?

절제와 담박함으로 빚어낸 하얀 빛깔의 달항아리를 바라보고 있으면 마음이 편안해져. 항아리가 실제 달과 같이 둥글고, 자연스럽고, 또 넉넉한 느낌을 주잖아. 무엇보다도 형태가 완벽하게 둥근 것 같지만 조금 비대칭이라 더 마음이 끌리기도 해. 너무 완벽한 사람보다는 조금 부족한 사람이 더 인간미가 있어 보여 친해지고 싶은 마음이 들잖아.

특히 남들보다 더 많은 것을 갖고 싶어하는 요즘, 달항아리를 보며 자신의 과한 마음을 다스릴 수 있겠지? 달항아리에는 조선의 선비 정신이 담겨 있다는 의견도 있거든. 자신의 욕망을 과하지 않게 조절하는 절제, 사사로운 욕심이 없는 순박한 정신이지.

조선백자, 고려청자에 대한 지식을 암기하는 것도 중요하지만, 조용히 달항아리를 오랫동안 지켜보며 감상해 보는 건 어떨까? 마음에 둥근 보름달이 두둥실 떠오를 거야.

조선 시대에 비행기가 있었다고 ?

비행기가 아니라 배를 타고 유럽에 가고 싶다고? 낭만적이기는 한데 한 달 이상 걸릴 텐데 괜찮겠어? 그러고 보니 비행기가 없었다면 먼 나라로 여행도 가지 못했겠군. 비행기를 만든 라이트 형제한테 감사 인사를 해야겠어.

그런데 조선 시대에 비행기를 만든 우리 조상님이 있었대. 믿기 어렵다고?

먼저, 역사 기록을 살펴볼게.

왜병에게 포위된 영남의 어느 읍성을 지키던 성주의 친한 지인이 비차를 만들어서 성 안으로 들어갔다. 그는 비차에 친구를 태우고 30리 바깥으로 날아가서 지상에 착륙해 왜적의 칼날을 피했다.

조선 후기 실학자 신경준이 쓴 『여암전서』에 나온 비차 이야기야.

하늘을 나는 수레, 비차는 바람을 이용해서 30~50리를 날았어. 지금으로 치면 12~20km쯤 되는 거리이지. 동력 장치로 운행하는 지금의 비행기와는 비교할 수 없지만, 이 비차가 정말 있었다면 1903년에 비행기를 발명한 미국의 라이트 형제보다도 무려 300년 이상이나 앞선 것이지. 안타깝게도 비차에 대한 설계도나 자료 등 공식적인 기록이 남아 있지 않아.

비차는 1500년대 중반 전북 김제에서 태어난 정평구가 만들었다고 해. 그는 조선 중기의 무관이자 발명가였어. 임진왜란 때, 진주성 전투에서 왜군에게 포위된 조선 백성을 구하고, 식량을 전달하려고 비차를 만들었다고 해. 정말 대단해.

비차가 어떤 모양이었는지 궁금하다고?

안타깝게도 그림이나 자료가 없어. 실학자인 이규경이 1800년대 초에 남긴 『오주연문장전산고』를 근거로 대나무, 무명천, 한지로 만들었으며, 불을 때며 하늘을 난다고 했으니 열기구와 비슷하고, 바람을 타고 하늘을 난다는 점에서는 글라이더 같기도 하다고 추측할 뿐이야.

그런데 임진왜란 때 비차는 없었다고 주장하는 학자들도 있어. 왜냐하면, 임진왜란 직후의 역사 기록 어디에도 비차가 나오지 않거든. 누군가는 그 주장을 반박하기도 해. 정평구가 양반 출신 지식인이 아니라는 이유로, 또 조선 사회가 과학의 중요성을 인정하지 않아서 기록하지 않았다는 거야. 만약 그게 사실이라면 너무 안타까워.

이렇게 조선 시대, 하늘을 나는 물체를 만들고 싶어 하는 창의적인

사람이 있었다니, 놀랍지? 그 멋진 상상

력과 창의성을 조선 사회가 적극적으로 응원

해 줬다면 라이트 형제보다 먼저 세계 최초로 비

행기를 만들 수 있지 않았을까?

여기서 잠깐! 정평구는 어떻게 그런 상상을 했을까?

아마도 하늘을 나는 새와 곤충을 보면서 사람도 하늘을 날 수 있겠다는 상상을 했을 거야. 만약 새나 곤충을 본 적이 없다면 비차를 생각해 내지 못했을 거라고 할 수 있지. 결론적으로 창의성과 상상력의 씨앗은 우리 곁에 있다고 할 수 있어. 여러분도 평소에 사소한 것을 눈여겨보며 관찰력을 키운다면 창의적인 사람이 될 수 있을 거야.

조선 후기, 상상력과 창의성의 중요성을 보여 준 또 다른 과학자를 소개할게. 조선의 레오나르도 다빈치라고 부를 수 있는 최천약이야.

최천약은 평민 출신 무관으로 손재주가 좋고, 기계 작동 원리를 빨리 파악하는 능력자였나 봐. 영조는 청나라에서 들여온 자명종을 사용했는데, 고장이 나서 최천약을 불렀대. 그는 자명종을 처음 보았지만 금세 작동 원리를 파악해서 그 자리에서 뚝딱 고쳤다는 전설 같은 이야기가 전해지고 있어.

그의 업적은 셀 수 없이 많아. 그중에서 몇 가지를 살펴볼게.

먼저, 침과 뜸 놓는 연습을 하도록 인체 모형 '침금동인'을 만들었어. 침금동인의 정수리에는 몸 안에 물을 넣는 구멍이 있고, 몸통에는 침을 놓는 수많은 혈 자리가 아주 작은 구멍으로 표시되어 있어.

침금동인 사용법이 궁금하다고? 먼저 밀랍을 끓여서 그 속에 침금

동인을 넣으면 혈 자리가 막히면서 작은 구멍이 보이지 않게 돼. 이제 정수리 쪽 구멍으로 물을 넣은 뒤, 혈 자리에 정확하게 침을 꽂으면 밀랍으로 막아 놓은 그 틈에서 물이 흘러나와. 이렇게 침금동인을 활용하면 혈 자리의 위치를 익히면서 정확한 침놓는 연습을 할 수 있어. 아이디어가 놀랍지?

최천약의 가장 큰 업적은 척도 표준기인 경신신제척, 줄여서 '경신척'을 만든 거야. 최천약이 왜 경신척을 만들었는지 먼저, 그 사회 배경을 살펴보자.

조선 시대에는 정확한 눈금의 잣대가 없어서 사회가 혼란스러웠어. 옷감이나 땅을 사고팔 때 사람마다 다른 잣대로 길이를 재다 보니 문제가 생겼어. 관리들이 세금을 받을 때도 눈금이 정확하지 않은 잣대를 사용하여 백성들의 눈을 속였어. 당연히 부정부패가 늘어나 백성들의 삶은 더욱 어려워졌지. 이런 문제를 최천약이 만든 경신척이 해결했어.

경신척은 길이 246mm, 폭 12mm, 높이 15mm야. 기다란 사각형 모양인데 5가지 눈금이 적혀 있어서 아주 편리한 만능 잣대였어. 눈금마다 이름이 다른데, 주척은 천문 기구를 만들 때, 포백척은 의류를 제작할 때, 영조척은 건축물을 지을 때, 황종척은 악기를 만들 때, 예기척은 왕실 기물을 만들 때 사용했어. 이 경신척으로 조선 사회의 도량형이 통일된 거야. 더 놀라운 것은 경신척의 눈금이 지금 봐도 정확하다는 점이야.

이렇게 놀라운 발명품을 만들어 조선 사회를 변화시킨 과학자 최천약이 언제 세상을 떠났는지 기록이 없어. 그 이유는 조선이 과학의 가치를 높이 평가하지 않던 시대였고, 또 그의 신분이 높지 않았기 때문일 거야. 어쩌면 양반들보다 더 왕의 사랑을 받아 지배층들이 샘을 냈을 수도 있지.

이렇게 사소한 생각, 남들과 다른 창의성 하나가 사회를 얼마나 발전시키는지 알겠지?

오늘부터 눈을 부릅뜨고 주변을 살피며 멋진 발명품을 만들어 보겠다고? 좋아! 다만 너무 눈에 힘을 주면 주름살이 생길 수 있으니 주의해!

요즘 창의성이 중요하다고 사회적으로 강조하고 있어. 이는 우리 사회가 창의적이지 않다는 뜻이 아닐까?

보통은 창의성을 세상에 없는 새로운 것을 상상하는 능력이라고 생각할 거야. 하지만 사람은 100% 새로운 것을 생각해 내기 힘들어. 어디에서 보거나, 누군가에게 듣거나, 직접 경험한 0.1%를 씨앗 삼아 99.9%를 상상할 수 있는 거야. 즉, 그 시작이 되는 0.1%가 없다면 새로운 것을 상상하는 게 어렵다는 뜻이야.

예를 들어, 사람이 하늘을 나는 새나 곤충을 본 적이 없다면 하늘을 날겠다는 생각을 할 수 있었을까? 새나 곤충을 보면서 그것을 본뜬 비행기를 만들겠다는 상상을 할 수 있었던 거야. 상상의 동물, 용이나 유니콘을 유심히 살펴봐! 용은 뱀을, 유니콘은 사슴을 닮았잖아.

이렇게 상상력의 시작은 지금 우리 곁에 있는 것을 잘 관찰하는 데서 시작될 수 있어. 어떤 학자는 창의성을 성격이 다른 것들을 더하는 능력이라고 말하기도 하지.

지금 우리의 삶에서 떼려야 뗄 수 없는 필수품이 된 스마트폰을 흔히 창의적인 발명품이라고 말하잖아. 스마트폰은 기존에 있던 휴대 전화와 컴퓨터를 더한 거야. 여기서 중요한 것은 그 두 가지를 더하겠다는 상상이야. 작은 휴대 전화가 큰 컴퓨터 역할을 할 수 있다고 말했을 때, 실현 가능하다고 믿은 사람이 얼마나 될까? 그래서 창의적인 사람은 좀 괴짜라는 말을 듣기도 하는 법이지!

공부도 중요하지만 무엇보다 청소년기에는 책을 많이 읽고, 사람을 많이 만나고, 다양한 곳을 여행하면서 소통하고, 관찰력을 키우는 게 중요해. 그 과정에서 0.1%의 창의성, 상상력의 씨앗을 품을 수 있을 테니까.

세계 최초의 신문을 조선에서 발행했다고?

신문 읽는 거 좋아하니? 스마트폰으로 연예, 스포츠 뉴스를 즐겨 본다고?

맞아! 이제는 종이 신문보다 온라인 포털 뉴스를 주로 보지. 그래도 뉴스 기사는 잉크 냄새가 나는 종이를 넘기면서 봐야 제맛인데! 너무 할아버지 말씀 같다고?

종이 신문, 온라인 신문 가리지 말고 뭐든 열심히 읽으면 좋겠지? 세상의 흐름을 아는 것도 학교 공부 못지않게 중요하니까.

여기서 잠깐! 세계 최초로 신문을 발행한 나라가 어디인지 궁금하지 않아?

정답은 조선이야! 처음 듣는 이야기라고?

조선 초기에 중앙 정부의 소식을 알리는 소식지를 발행했어. '기별지'라고 불렀는데 조정의 결정 사항, 주요 소식을 기록해 관청에 돌렸어. '기별이 왔다'라는 말 들어봤지? 기별지에서 비롯된 말이야.

그러다가 중종 때 조정의 소식을 알리는 '조보(朝報)'를 발행했어. 조보는 왕명을 출납하는 승정원이 중심이 되어 기사를 정리했고, 기별청에서 제작했어. 인쇄 방식이 아니라 기별 서리가 직접 손으로 옮겨 적었어.

조보에는 왕의 명령과 조정의 결정 사항, 중요 정책, 사회 문제에 대한 상소, 관리의 임명 등이 담겨 있었대. 지금의 신문과 비슷하지? 독자 투고, 심리 상담, 지구촌의 황당 사건 코너는 없었지만!

특히 조보는 조정에서 직접 발행하다 보니 유교 이념을 널리 알리는 수단으로 활용되었고, 국가 정책 홍보지답게 왕이 직접 어떤 내용을 넣어야 할지 편집 방향을 제시하기도 했어.

그렇다면 조보는 언제 볼 수 있었을까?

서울 사람들이 보는 조보는 매일 오전에 발행했고, 지방에서는 한 번에 한 달 치를 보는 방식이었어. 어쨌든 요즘 신문처럼 매일 발행했다고 하니 놀랍지?

조보를 즐겨 보는 독자는 중앙 및 지방 관청의 관리들이야. 물론 양반도 조정의 소식을 알고 싶어서 조보를 읽었을 거야. 다만 백성은 접하기 어려웠어.

이렇게 국가가 주도해서 발행한 조보는 1895년 고종 때 '관보(官報)'로 이름이 바뀌었어. 참고로, 지금도 행정안전부에서 관보를 발행하

바로 조선의
조보일세!

고 있어. 내용 역시 조보와 비슷하게 헌법, 법률, 대통령령 개정 사항, 예산, 조약, 공무원 인사 등을 게재하지. 이렇게 정부에서 무엇을 결정하여 실행할 때 반드시 관보에 그 내용을 실어서 알려야 해.

그러나 신문의 역사에서 주목하는 조보는 따로 있어. 국가가 발행하는 조보 말고 민간에서 구독료를 받는 상업 신문을 조선 시대에 발행했거든.

『선조수정실록』을 보면, 1577년에 서울의 직업 없는 식자(지식인)들이 조보를 활자로 대량 인쇄해서 유료로 배포할 수 있도록 허가해 달라고 했어. 손으로 옮겨 적어 읽기 어려운 국가 발행 조보가 아니라 활자로 찍은 민간 조보를 만들어 돈을 주고 팔겠다는 거였지. 사헌부와 의정부 모두 승인했어. 그렇게 해서 민간 조보 발행 업자들이 조보를 제작해서 각 관청과 양반에게 팔기 시작했어.

결과는 어땠을까? 반응이 뜨거웠어. 돈을 받고 팔아야 수익이 생기니까 잘 만들었을 거야.

그렇다면 민간 조보는 어떤 내용을 담았을까?

영천역사박물관이 소장한 민간 조보를 보면 발행 날짜가 연속으로 되어 있어서 일간지라고 할 수 있지. 기사는 왕실과 육조(지금의 행정부) 소식을 실었어. 또 고급 수입 마차 금지령 등 지금 읽어도 흥미로운 이야기도 실었어. 사치 풍조가 문제라고 비판하는 요즘 신문의 사회면과 비슷하지?

백성들도 민간 조보를 구입해 읽으면서 세상에 관심을 갖기 시작했어. 양반 지식인들이 독점하던 나라의 중요한 소식을 일반 백성들도 알 수 있게 된 거야. 그게 민간 조보의 중요한 가치이자 신문의 역할이야.

그런데 민간 조보는 발행 석 달 만인 1577년 11월, 안타깝게도 갑자기 폐간됐어. 그 이유는 선조가 "사사로이 역사를 만든다."라는 이유로 발행을 금지했어. 그것으로 그치지 않았어. 역사 기록을 보면, 조보 발행 관련자 30명을 대역죄로 몰아 고문한 뒤 유배를 보냈다고해. 언론 탄압을 한 셈이야.

기사 내용이 선조의 심기를 건드린 거야. 조보에 왕대비가 위독하다는 기사가 실렸는데, 구중궁궐의 비밀을 세상에 알려 버렸으니 선조가 노발대발했겠지? 또 왕실에서 쓸 얼음을 석빙고에 옮겨야 하는데, 그 일을 할 소들이 전염병으로 죽어 사람이 해야 한다고 적었어. 그러면서 백성들의 원성이 자자하다고 덧붙였어.

민간 조보와 국가 발행 조보의 내용이 완전히 다르지? 민간 조보에 실린 시대의 문제, 백성들의 고민, 무능한 관리를 처벌하라는 통쾌한 기사를 읽고 백성들이 공감했을 거야. 자기가 하고 싶지만 할 수 없는 말을 기자들이 대신해 세상을 향해, 더 나아가서 왕한테 해 줘서 답답한 속이 후련했겠지?

이 민간 조보는 세계 언론 역사에서도 큰 의미가 있어. 지금까지 1650년 독일 라이프치히에서 발행한 「아인코멘데 차이퉁」이 최초의 신문으로 인정받았어. 하지만 조선 시대 민간 조보는 1577년에 만들었으니 무려 70여 년이나 앞서지.

만약 선조가 조보 발행을 금지하지 않고 오히려 격려했다면 수많은 신문이 탄생해 다양한 내용을 백성들한테 전했을 거야. 또 한글로 기사를 쓰는 신문도 나와서 한자를 모르는 여성, 어린이까지도 신문을 읽었을 거야. 그러면 사람들은 다양한 정보를 나누며 사회 문제를 깨닫고 해결하는 주체적인 시민으로 성장했을 거야. 그랬다면 유럽이 아니라 조선에서 문예 부흥이라고 하는 르네상스가 먼저 시작되었을 수도 있어.

신문의 역사를 살펴보니 언론의 역할이 참 중요하지? 오늘부터라도 신문을 열심히 읽어야겠다고? 더 나아가 가족 신문, 학급 신문도 직접 만들어 봐. 우리 반 '흑역사 코너'도 꼭 넣고! 친구의 웃긴 사진을 넣기 전에는 꼭 사용 허락을 구하도록! 초상권을 침해하면 안 되니까.

스마트폰으로 인터넷에 접속하면 쉴새 없이 광고 영상이 뜨지? 자극적인 사진과 문구에 홀려 나도 모르게 영상을 클릭한 적이 있다고? 그러면 다음 이야기에 집중해 줘.

우리는 컴퓨터나 스마트폰 덕분에 신문, 텔레비전과 온라인 방송 등의 미디어를 언제든 편하게 접할 수 있어. 미디어는 우리가 알지 못하는 세상을 간접적으로 경험하게 해 주고 정보와 지식을 쉽게 전해 주는 등 장점이 많아. 하지만 문제점도 많지. 특히 청소년한테 막대한 영향을 끼칠 수 있으니 신중하게 접근해야 해.

먼저 너무 시끄럽고 자극적인 영상에 자주 노출되면 폭력적이고 지나치게 감정적인 사람이 될 수 있어. 그러다 보면 감정 조절이 잘 안 되어서 사소한 일에 화를 내고 다툴 수 있지.

두 번째, 미디어에서 보여 주는 과도한 소비 장면을 계속 접하면 물질주의에 길들여질 수 있어. 또 부동산 투기 등을 투자라고 포장하는 방송을 보면 잘못된 경제관을 가질 수도 있지.

세 번째, 그릇된 고정 관념을 보여 주는 방송을 자주 접한 청소년은 그 이미지가 옳다고 믿을 수 있어. 특히 청소년기에는 외모에 관심이 많아서 미디어에서 다이어트, 외모 가꾸기, 성형 등 획일화된 아름다움을 강조하면 그 기준에 맞추려고 할 수도 있어.

네 번째, 미디어에서 보여 주는 가상 현실을 진짜 우리의 삶이라고 믿으면 곤란해.

다섯 번째, 미디어에 중독되면 현실 생활을 제대로 할 수 없어서 친구, 가족 관계가 단절되고 고립될 수 있어.

하지만 미디어의 장점도 많으니까 적당하게 거리를 두면서 현명하게 접하면 좋겠어. 그리고 미디어 내용 중에 잘못된 것이 있으면 문제를 제기해야 올바르게 바뀌겠지? 주체적으로 미디어와 만나는 똑똑하고 야무진 청소년이 되기를 바랄게.

3장

오늘날과 똑같은 조선 시대

무서운 신고식은 이제 그만!

　2022년, 한 OTT 서비스에서 방영한 학교 폭력을 다룬 드라마 덕분에 폭력 문제의 심각성이 사회적 이슈가 된 적이 있어. 그런 분위기 속에 청소년기에 친구를 괴롭혔던 연예인들은 사과하고 방송계를 떠났어. 또 고위 공무원 후보자는 아들의 학교 폭력 문제가 불거져 후보에서 물러나기도 했지.

　그렇다면 조선 시대, 공자님의 말씀을 공부하던 성균관에서는 학교 폭력이 없었을까? 먼저 성균관이 어떤 곳이었는지부터 알아야겠지?

　성균관은 조선 최고 교육 기관인데 오늘날의 국립 대학과 같은 곳이야. 유학을 교육했으며, 문과 합격을 위해 공부하던 곳이었지.

　성균(成均)은, 성인재지미취(成人材之未就), 균풍속지부제(均風俗之不齊)라는 글의 앞 글자에서 따온 말이야. '인재로서 아직 성취하지 못한 것을 이루고, 풍속으로써 가지런하지 못한 것을 고르게 한다'는 의미야.

성균관 유생들은 국비로 학용품, 식사 등을 지원받았어.

정원은 150명인데 세종 때 200명으로 늘어났어. 입학 자격은 사학 학생 중 15세 이상으로 소학에 능통한 자, 생원시나 진사시에 합격한 자들로 까다로웠지. 특히 성균관 유생들만 대상으로 하는 특별 시험을 치를 수 있는 자격이 주어져 성균관 입학은 관리로서 앞날이 보장되는 탄탄대로의 시작이라고 할 수 있었지.

성균관에 입학하면 '신방례'라는 신입생 환영회를 했는데, 이때 여러 가지 폭력 사건이 발생해 문제가 되었어. 또 선배들이 신입생 집에 찾아가 과도한 대접을 요구해서 비용이 없는 집에서는 성균관 입학을 포기할 정도였다고 하니 지금 들어도 입을 다물 수 없어.

그렇다면 성균관에서는 언제부터 이런 과격한 환영회를 했을까?

역사 기록을 보면, 고려 말에 부모의 힘으로 부정하게 성균관에 입학한 고관대작의 아들들이 있었는데, 그들의 기를 꺾으려고 혹독한 환영회를 시작했다고 해. 그러다가 점차 모든 신입생을 대상으로 하게 된 거지. 참고로 성균관은 고려 시대부터 개경(개성)에 있었고, 조선 시대에 한양에 새로 건립한 거야. 이런 폭력적인 행동이 '가지런하지 못한 것들을 고르게 한다'는 성균의 의미를 무색하게 만드네.

이후 성균관에서 교육을 마치고 관리가 된 후에는 이런 격한 환영회는 더 이상 없었을까? 천만에 말씀!

과거에 합격해 관료가 되면 '면신례'를 해야 했어. 면신례란, '신입을 면한다'는 의미야. 그 내용을 살펴보면, 대부분 선배가 신입 관리를 괴롭히고 돈을 요구하는 일이 많았어.

예를 들어 얼굴에 붓으로 낙서하기, 진흙탕 구르기 같은 짓궂은 장

난뿐 아니라 잔인한 폭력을 당하다가 목숨을 잃기도 했지. 또 신임 관리가 되면 선배들을 일일이 찾아가 자신의 이력을 적은 일종의 명함을 돌리는 '회자'를 해야 했어. 이때 일부러 만나 주지 않는 선배에게는 뇌물도 같이 건네야 해서 심한 경우 가산을 탕진할 정도였다고 해.

이런 행동을 공자님, 맹자님의 가르침을 토씨 하나 틀리지 않고 암기하며 공부하던 유생들이 했다는 게 믿기지 않아. 배운 것을 실천하지 않고 입으로만 떠벌리면 안 되겠지? 그래서 공자님, 맹자님이 언행일치, 지행일치를 강조하셨나 봐.

유학자 율곡 이이도 면신례 때문에 고생했대. 그래서 훗날 면신례의 문제점을 왕에게 알렸지만 고쳐지지 않았어. 조선 후기 실학자인 정약용도 무리한 요구를 따르지 않아 요즘 말로 제대로 찍혀서 고생하다가 선배에게 사과 편지까지 썼지. 그 요구 내용을 보면, 절름발이 걸음으로 게를 줍는 시늉을 하고, 수리부엉이 울음을 흉내 내라고 시켰으나 정약용이 하지 못했나 봐. 존경하는 마음이 없어서 시키는 행동을 하지 않은 것이 아니라고 피해자가 가해자한테 사과해야 하는 이 상황, 너무 황당하지?

이런 문제적 면신례는 고려 시대부터 있었다고 전해져. 고려 말의 충신, 정몽주의 손자도 면신례를 당하다가 죽었다고 해.

자신이 신임 관리일 때 면신례로 고통당했다면 후배들에게는 전하지 않을 것 같은데, 그 악습은 계속 이어졌어. 면신례를 통과해야 같은 조직에 속한다는 동질감을 준다는 이유에서였을까? 또는 나만 당할 수 없다는 마음 때문이었을까?

이렇게 그 누구도 나서서 고치지 않으면 악습은 따라야 하는 관행이 되어 버려. 면신례를 잘한 사람이 선배들한테 인정받는 분위기였다고 하니, 신임 관리들은 면신례를 거부하기 힘들었을 거야.

그리고 성균관에서 이미 못된 신입생 환영회에 길들여진 사람들이 관리가 되었으니, 면신례의 악행을 당연하게 받아들였을 수도 있어. 그래서 처음부터 잘못된 것을 고치지 않으면 그 악습이 사회 전체로 퍼져 나가.

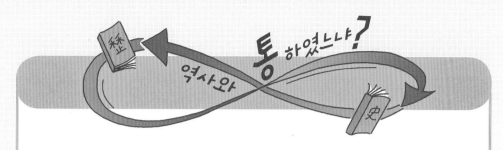

학교 폭력이 점점 심각해지고 있어. 가해자들이 집단 폭력이나 성폭력 등 폭행 과정을 영상으로 찍은 다음 온라인에 유포해서 피해자가 영원히 고통받기도 해. 따돌림도 심각한 수준이야.

청소년기 때부터 폭력에 익숙해지면 어떻게 될까?

가해자는 여러 핑계를 대며 자신을 합리화해서 죄책감을 느끼지 못해. 피해자도 자신이 힘이 없어 폭행을 당했다고 자책하거나 수치스러워하며 선생님이나 부모님에게 알리지 못하기도 해. 그러다 보면 이런 분위기가 대학, 군대, 회사, 가정 등으로 퍼져 나가 폭력이 일상적인 끔찍한 사회가 될 수 있어.

그래서 자신이 피해자가 되거나, 누군가 폭행을 당하는 모습을 보면 반드시 신고해야 해. 피해자는 신고할 엄두를 내지 못할 수 있으니 옆에서 도움을 줘야 해. 폭력에 직접적인 관여는 하지 않아도 가해자의 행위를 간접적으로 돕거나, 폭력 행위를 신고하지 않고 지켜보는 것도 처벌받을 수 있다는 점을 꼭 명심하도록!

청소년기에 학교 폭력, 따돌림을 절대로 하면 안 되는 이유가 무엇일까?

심리학자들은 인생에서 10~16살 시기가 가장 중요하다고 해. 그때 가치관을 비롯해 성격, 자존감 등 많은 것이 형성된다고 하지. 그래서 청소년기에 사랑을 충분히 받아야 자존감이 높아져 다른 사람들과 관계를 잘 맺는 마음이 건강한 사람으로 자랄 수 있어. 그 시기의 경험이 우리 삶의 방향을 결정하거든.

학교 폭력, 따돌림은 누군가의 삶을 짓밟는 잔인하고 나쁜 짓이라는 것을 절대로 잊지 마.

조선 선비들이 귀걸이를 했다고?

요즘 어떤 고민이 있니? 학업, 진로 등 여러 가지가 있겠지만 청소년기에는 외모 고민도 많이 할 거야. 특히 소셜 미디어에 사진과 영상을 올리는 청소년들도 있다 보니 더 외모를 신경 쓸 수밖에.

2020년 만 19세 이상 남녀 1500명을 대상으로 한 '외모와 성형 수술에 관한 인식조사'에서 89%가 인생에서 외모가 중요하다고 답했대. 그러다 보니 예뻐지려고 성형을 하거나 피부 관리를 받는 사람이 늘고 있어.

그런데 아름다워지고 싶은 마음은 예나 지금이나 같아. 조선 시대 사람들도 외모에 관심이 많았거든. 먼저 조선 시대에 유행했던 패션 아이템을 소개할게.

남자는 수정을 잇댄 갓끈과 옥으로 만든 관자, 그리고 귀걸이야. 품위를 중요시하는 선비가, 그것도 남자가 귀걸이를 해서 놀랐다고?

조선 선비들이 귀걸이를 즐겨 했다는 기록이 있어. 연산군의 아들은 9살 때부터 진주 귀걸이를 하고 다녔어. 특히 신분이 높을수록 크고 화려한 귀걸이를 좋아했다고 하네.

하지만 명나라 사신이 조선에 와서 사내들이 귀걸이 한 모습을 보고 오랑캐 같다고 비난하자, 선조가 귀걸이 착용을 금지했어. 귀를 뚫어 귀걸이를 하는 것은 신체발부 수지부모(몸은 부모님으로부터 받은 것이니 소중히 여겨야 한다.)를 외치는 조선에서는 불효라는 거지.

여자는 풍성한 가체와 값비싼 비녀, 노리개로 한껏 멋을 냈어.

가체가 뭐냐고? 역사 드라마를 보면 왕가나 양반집 여성들이 머리에 얹는 장식을 말해. 놀라운 점은 가체를 진짜 머리카락으로 만들었다는 거야.

가체는 클수록 인기가 많아 값이 천정부지로 올랐어. 기록을 보면 장신구를 포함한 최고급 가체 가격이 700냥에 달했는데 그 돈이면 한양에 있는 초가집 일곱 채를 살 수 있었지. 가체를 사려고 집을 파는 일까지 벌어져 사회 문제가 되기도 했어. 또 가체가 크고 무거워서 여성들은 어깨 통증에 시달렸다고 해.

그러던 중 충격적인 일도 있었지. 실학자인 이덕무가 남긴 기록을 볼게.

부녀자들은 가체를 더 사치스럽게, 더 크게 만들 생각뿐이다. 어떤 집의 열세 살 난 며느리가 가체를 높고 무겁게 만들었다가 시아버지가 방 안에 들어오자 갑자기 일어서다가 가체 무게를 못 이겨 목뼈가 부러졌다.

가체 때문에 사람이 죽는 등 여러 가지 문제가 생기자 정조는 가체를 쓰지 못하게 법으로 막았어.

아름답게 꾸미고 싶은 욕망은 인간이면 누구나 갖고 있잖아. 그래서 예부터 동서양 모두 화장품을 사용했어.

조선 시대 기록을 보면, 유희춘의 아내가 화장품을 팔아 번 돈으로 집 안에 남편의 집무실을 지었다고 해. 조선의 여성 실학자 빙허각 이씨는 『규합총서』에서 조선 여성들의 머리 모양, 얼굴 화장 등을 자세하게 적어 놓았어. 그만큼 조선 시대 여인들이 화장에 관심이 많았다는 뜻이고, 화장품 판매도 활발했으리라 추측해. 그리고 화장품 전문 판매원을 일컫는 매분구도 있었어. 결혼하지 않은 여성이 돈을 벌 수 있는 직업이었지.

조선 시대에는 어떤 화장품을 사용했을까?

얼굴을 씻을 때는 녹두, 콩, 팥을 갈아 만든 가루인 '조두'를 사용했어. 요즘의 비누 같은 것이지. 그리고 꿀에 복숭아꽃, 동아씨 같은 여러 재료를 섞어서 크림을 만들었어. 이런 재료들은 기름기가 많아서 보습에 좋았지.

　예로부터 아름다운 얼굴의 기본은 하얀 피부잖아. 그래서 요즘도 파운데이션, 비비크림까지 챙겨 바르는데, 조선 시대에는 분을 발랐어. 분은 주로 쌀가루로 만들었는데 피부에 잘 붙지 않아서 탄산 납과 활석을 넣었지.

　탄산 납은 중국의 진시황 시대부터 피부를 팽팽하고 하얗게 만드는 화장품으로 여겨졌어. 그것을 바르면 피부에 흡수가 잘 되고, 또 피의 공급을 막아서 일시적으로 피부를 하얗고, 탱탱하게 만들어 주는 효과가 있었거든. 문제는 납에 있는 독성분이었어. 납을 오래 사용하면 납 중독으로 살이 썩고 죽을 수도 있거든. 상상만 해도 무섭지? 입술을 붉게 하는 데는 주사라는 붉은 광물로 만든 연지를 썼는데, 이 또한 수은이라는 심각한 독성이 있었지.

이렇게 독성분이 들어 있는 화장품은 전 세계적으로 심각한 문제를 일으켰어.

일본 에도 시대의 여성들이 얼굴을 하얗게 화장할 때 납이 든 분을 발랐던 거야. 그 독성이 모유 수유를 할 때 아이한테 전해져 기형아가 많이 태어났지. 영국의 엘리자베스 1세 여왕도 납이 든 화장품을 발라 납 중독이 되었어.

여기서 잠깐! 우리나라에서 최초로 상표 등록을 해 생산한 브랜드 화장품 1호는?

1916년에 등록한 '박가분'이야. '박씨 집안에서 만든 분'이라는 뜻이지. 포목 가게인 박승직 상점에서 단골들에게 줄 선물로 처음 만들었어.

박가분은 쌀가루 등에 납을 넣어서 만들었는데 가격도 싸고, 포장 상자가 멋져서 하루에 1만 갑 이상 팔렸다고 해. 하지만 박가분을 쓴 여성들이 납 중독에 걸려서 많은 문제가 생겼어. 어떤 여성은 피부가 상했다고 고소했고, 정신 이상을 일으킨 여성이 자살을 시도하는 사건까지 벌어져서 결국 생산을 중단했어. 그 이후 화장품 광고에는 '절대로 납이 안 들었음'이라는 문구가 들어갔지.

조선 시대에도 지금 못지않게 외모 가꾸기 열풍이 심했다니 놀랍지? 아름다워지고 싶은 건 인간의 본능인가 봐. 그런데 넌 이미 완벽하게 아름다워서 더 꾸미지 않겠다고? 그런 당당함이 너의 매력이야! 그 근거 없는, 아니 근거 있는 자신감이 널 더 빛나게 할 거야.

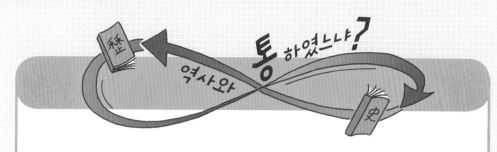

한 화장품 회사의 판매 분석을 보면 십 대의 화장품 구매가 점점 늘고 있다고 해. 그 이유는 십 대 때 데뷔하는 아이돌의 영향이 크대. 또한 유튜브에 올라오는 화장 관련 영상도 영향을 끼치고 있고.

어린 나이에 화장을 하고 싶다면 좀 더 주의하면 좋겠어. 청소년은 피부가 예민하니 색조 화장을 줄이라고 전문가들은 권고하지. 특히 저렴한 색조 화장품에는 안전성 검증이 안 된 해로운 성분이 들어갈 수 있으니 꼼꼼하게 따져 보고 사용하도록 해.

국제미용성형외과학회(ISAPS)의 조사에 따르면 한국이 전 세계에서 성형 수술을 가장 많이 하는 나라로 꼽혔어. 그러다 보니 성형 수술 중 사망하는 사람도 늘고, 부작용이 생겼다며 고통스러워하는 경우도 많아.

우리나라에서 유독 성형 수술을 많이 하는 이유는 미에 대한 기준이 획일화되어 가기 때문이야. 또 미디어에서 날씬한 몸, 아름다운 얼굴을 강조하면서 뚱뚱한 사람을 우스꽝스럽게 만드는 영향도 있어.

그런 방송을 자주 접한 청소년들은 마른 몸을 만들기 위해 스트레스를 받으며 다이어트를 하기도 해. 이런 강박이 심해지면 거식증, 우울증에 걸릴수도 있어.

무엇보다 청소년기에 외모로 스트레스를 받으면 마음의 상처를 입고 친구 관계가 어려워져. 자신감이 떨어지면 학교생활이 힘들어 공부에 집중할 수 없고, 훗날 어른이 되어서도 문제가 생길 수 있지.

이제 방송 등 미디어에서 획일적인 아름다움을 강요하지 말아야 해. 그리고 자신만의 매력을 찾을 수 있도록 학교나 가정, 사회가 도와줘야 해. 모두 세상에 하나뿐인 소중하고 아름다운 존재라는 것, 그 사실을 잊지 말도록 해!

과거를 묻지 마세요!

『춘향전』에서 이몽룡이 암행어사 출두를 외치며 변 사또를 혼내 주는 장면이 통쾌하다고? 그래서 조선 시대에 태어났다면 암행어사가 되고 싶다고? 그러려면 먼저 과거에 급제해야 해. 고종 때 80대 어르신도 과거에 급제했다고 하니, 너도 그 시대에 태어났다면 분명 합격할 수 있었을 거야.

말 나온 김에 과거 시험에 대해서 알아볼까?

과거는 중국 수나라에서 처음 시작되었고, 이후 당나라와 명나라로 이어지면서 능력 있는 관리를 뽑는 시험으로 자리를 잡았어. 『중국 견문록』을 쓴 서양인 신부 마테오 리치는 중국에서 과거제로 관리를 등용하는 걸 보고 충격을 받았대. 서양은 부모의 신분을 물려받아 관리가 되는데, 공부를 열심히 해서 과거에 합격한 사람을 관리로 뽑는 제도가 참신해 보였던 거야.

우리나라에서는 고려 광종 때, 중국 후주 출신 학자 쌍기가 과거 제도를 제안했어. 광종은 강력한 지방 호족 세력을 꺾으려면 훌륭한 관리가 필요하다고 생각해 과거제를 시행했지.

조선은 유교 이념을 바탕으로 건국한 나라답게 과거를 중시했어. 문관(문반)을 선발하는 문과, 무관(무반)을 선발하는 무과가 대표적인 시험이었어. 가족 중에 과거에 합격해 관리가 된 사람이 있어야 양반으로 인정받는 사회였지.

먼저 문과를 살펴보면 소과와 대과로 나눠. 소과는 유교 경전을 암기해서 그 뜻을 풀이하는 생원시, 백일장처럼 주제에 맞게 글을 쓰는 진사시가 있었지. 소과에 합격하면 관리 중 가장 말단인 정9품을 받아. 생원이라고 들어봤지? 생원시에 합격한 사람을 말하는데, 이렇게 소과에 합격해야 그 지역에서 양반 자격을 누릴 수 있었지.

소과에 합격하면 대과 시험을 칠 수 있는 자격을 얻었어. 대과는 문과라고도 하는데, 생원, 진사 그리고 성균관 유생들이 볼 수 있었어. 문과 합격자는 3년에 한 번 치르는 정기 시험인 식년시 기준으로 33명이라 합격하기 엄청 어려웠어. 정기 시험 외에도 별시, 알성시, 춘당대시 등 부정기 시험도 있었지.

과거는 고종 31년(1894년)에 갑오개혁으로 폐지될 때까지 무려 503년 동안 이어져 왔어.

그렇다면 과거에 합격하려면 얼마나 걸렸을까?

양반집 아들이 7살쯤 서당 공부를 시작해 과거를 준비하면, 소과에 합격한 후에도 10년 동안 더 공부해야 문과에 합격할 수 있었대. 짧으면 20년, 길면 30년 이상이나 걸렸던 거야.

조선에서는 조상의 덕으로 과거를 보지 않고도 관리가 되는 제도가 있었어. 이를 음서라고 하는데, 그 출신들을 업신여기는 분위기였어. 그래서 음서로 하위직 관리가 되더라도 다시 과거 준비를 했지. 결국, 자신의 실력을 증명해야 인정을 받았던 거야.

무관을 뽑는 무과는 문과보다는 과정이 단출했고 합격자도 많았어. 무예 실력이 더 중요해서 신분이 낮아도 응시를 많이 했기에 문과 합격자들이 무과 출신을 무시하기도 했지.

조선 시대 때는 태종 2년에 무과를 처음 시행하였는데 정기 시험인 식년시 기준 28명을 최종 선발했어. 그러나 조선 후기에는 무과 합격자 수가 수천 명 이상으로 늘어났어. 돈이 많은 평민들, 문과를 볼 수 없는 서얼까지 무과에 응시하다 보니 양반 자격은 얻었으나 관리로 올라가지 못하는 사람이 많았어. 결국 문과는 양반의 기득권을 지키는 시험, 무과는 기득권에서 배제된 사람을 달래 주는 시험이 된 셈이야.

비록 여러 한계는 있었지만 공개 경쟁 시험을 봐서 유능한 관리를 뽑았다는 점에서 그 의미가 특별했던 과거, 이번에는 과거의 흥미로운 풍경을 살펴볼까?

답안지를 '시권'이라고 불렀는데, 그 종이를 과거를 치르는 선비가 직접 준비했어. 수많은 사람이 응시했고, 서술식으로 쓰다 보니 답안지가 많이 필요해 국가에서 마련하지 못했거든. 오늘날 대학수학능력시험을 볼 때, 응시 원서료를 수험생이 내는 것과 같지?

또 뛰어난 것을 뜻하는 '압권'이라는 말도 과거에서 유래했어. 채점 후, 일등 답안지를 맨 위에 올려놓아서 임금님이 볼 수 있도록 했는데, 그 답안지가 정말 뛰어나 아래에 있는 답안지를 누른다는 뜻이야.

시험 볼 때 위치도 중요했어. 시험 문제가 맨 앞에 붙어 있으니 앞에 앉아야 더 잘 볼 수 있잖아. 그래서 돈이 많은 양반집에서는 새벽에 하인이 미리 가서 자리를 맡았어.

'거접'도 흥미로워. 거접은 지역 유생들을 위해 서당이나 향교에서 진행한 집중 학습을 말해. 지역 전체 양반들의 행사로 관아에서도 적극적으로 지원했어. 과거 합격자가 많이 나와야 지역의 명예가 높아지고, 지역을 다스리는 관리의 능력도 인정받을 테니까. 물론 거접을 비판하는 목소리도 컸어. 서원은 선비가 공부하며 수양하는 곳이지, 과거 합격을 준비하는 곳이 아니라는 점이야.

그렇다면 과거 시험에 비리는 없었을까? 안타깝게도 상상을 초월하는 비리가 많았어.

먼저 국가에서는 부정 행위를 방지하려고 노력을 많이 했어. 대표적으로 공정하게 채점하려고 답안지에 이름을 적고, 그 부분을 접은 다음 풀로 붙여서 가렸어. 하지만 뜯어서 보고 지인의 아들이면 점수를 더 주는 경우도 많았대.

시험 문제를 미리 알려 주거나, 시험관으로 참여해 지인을 합격시키기도 했어. 대리 응시하다가 적발된 사건도 있었지. 지금처럼 신분증이 없으니 얼굴 확인이 어렵잖아. 이런 비리가 『조선왕조실록』에 너무 많이 나와.

숙종 때에는 응시생이 시험관과 짜고 답안지를 바꿔치기하는 등 조직적인 비리도 있었대. 특별 시험인 별시는 당일에 합격자를 발표해야 해서 시험관들이 빨리 낸 답안지 혹은 앞의 몇 줄만 읽고 채점을 끝내는 경우가 많아 공정성을 의심받았지.

문과 과거 급제자의 평균 연령은 35세인데 86세 어르신도 합격한 적이 있어. 과거에 합격해야 저승에 가서 조상님 뵐 면목이 있다고 생각한 거야.

이렇게 과거 제도는 조선 사회를 지켜 내는 힘이자 동시에 사회 변화를 막았다는 평가를 받아. 시대가 변하면 제도도 바뀌어야 하는데 과거 제도는 500년 동안 큰 변화가 없었지. 또 가장 역동적인 젊은 엘리트들이 새로운 생각을 하면서 사회를 변화시켜야 하는데, 어릴 때부터 과거 합격만을 목표로 살아온 탓에 새로운 도전을 하지 못한 거야.

조선의 과거 제도를 살펴보니 조선 시대에 태어나지 않아서 다행이라고? 과거에 합격할 자신이 없구나! 혹시 알아? 90세에 합격하는 신기록을 세워 『조선왕조실록』에 이름을 남겼을지도!

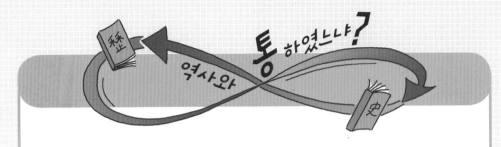
역사와 **통** 하였느냐?

통계청이 2023년 초중고 사교육비 조사를 발표했어.

우리나라 초중고 학생의 79%가 사교육을 받고 있대. 국제교육성취도평가학회(IEA)에서 실시한 2019년 조사를 보면 세계 각국의 평균 사교육 참여율은 43.9%야.

2023년 초중고 사교육비 총액은 27조 원인데, 2015년과 비교하면 8년 만에 50% 이상 증가했어. 그런데 그 기간의 학생 숫자는 오히려 15%가량 줄었어. 학생 수는 줄어도 사교육 시장은 폭발적으로 커진 거야.

한국의 사교육은 다른 나라와 비교하면 많이 독특하다고 해. 다른 나라는 공부를 못할수록 사교육을 많이 받는데, 한국은 공부를 잘할수록 사교육 의존도가 더욱 심하지.

왜 이런 현상이 나타날까?

다른 나라에서 사교육을 받는 이유는 학교 공부를 따라잡기 위해서인데 우리나라는 남들보다 잘하기 위해서래. 너무 씁쓸하지?

이렇게 사교육이 계속 늘어나면 여러 가지 심각한 문제가 발생해. 먼저 가정 경제에 큰 타격을 줄 거야. 부모는 자녀 교육비로 많은 돈을 쓰느라 노후 준비를 하지 못하겠지. 2020년 기준 우리나라 노인 빈곤율은 경제협력개발기구(OECD) 회원 국가 중 1위야. 또 사교육비 때문에 아이 낳기를 망설이는 사람도 많아. 저출생의 원인 중 하나로 손꼽히지. 무엇보다 청소년들은 사교육을 받느라 쉬거나 다양한 경험을 할 시간이 부족해.

이렇게 사교육이 계속해서 성행하고 심해지면 경쟁이 치열해져서 더욱 사교육에 의존하게 될 거야. 대학에 가서도 사교육을 받아야 하는 악순환에 빠지고 말겠지.

사교육에 대해서 여러분은 어떻게 생각해?

아버지를 아버지라 부르지 못한다고 ?

"아버지를 아버지라고 부르지 못했다."는 유명한 말을 남긴 사람은? 춘향이 아니냐고? 이 말은 홍길동이 남겼지만, 생각해 보니 춘향이도 어머니가 기생 출신이라서 아버지를 아버지라고 부르지 못했을 거야. 그러고 보니 틀린 답은 아니네.

그러면 그 두 사람은 무슨 슬픈 사연이 있어서 아버지를 아버지라고 부르지 못했을까?

먼저 조선의 신분 제도를 알아보자.

조선 사회는 양반이 지배 계층이야. 문반과 무반을 합쳐서 양반이라고 하는데, 군역과 세금을 면제받는 특권을 누리며 지배층으로 군림했어. 사대부라는 말도 들어 봤지? 4품 이상의 대부, 5품 이하의 사를 합친 말로 양반 출신의 관료를 뜻해.

양반 밑으로는 역관, 의관 등 기술직을 맡는 중인 계층, 주로 농업에 종사하는 평민, 마지막으로 천민이 있어. 천민은 노비, 광대, 기생, 백정, 공장(물건을 만드는 수공업자), 무당, 승려, 상여꾼 이렇게 여덟 가지로 구분해서 팔천이라고 불렀어.

조선의 신분 제도가 다른 나라와 다르게 잔인하다고 말하는데 그 이유가 '일천즉천' 규정 때문이야. 부모 중 한 사람이라도 천민이면 자녀는 대대손손 천민을 벗어날 수 없었지. 그러면 노비의 숫자가 계속 늘어나 양반에게 이득이 될 수밖에 없었어.

또 노비는 어머니의 신분을 자녀가 물려받는다는 '종모법'을 철저하게 적용했어. 즉, 어머니가 천민이면 자녀도 천민이 되는 거야. 만약 평민 남성과 노비 여성이 혼인하면 자녀는 평민이 아니라 노비가 되는 것이지.

이렇게 노비가 많아지면 어떤 문제가 생길까? 노비는 세금도 안 내고, 병역의 의무가 없어서 노비를 소유한 양반에게만 좋고 국가 경제에는 도움이 안 되었지.

서얼도 알아야 조선의 신분 제도를 제대로 이해할 수 있어.

조선 시대는 지금처럼 법적으로는 일부일처제 사회였어. 하지만 남성이 정식 아내가 아닌 여성인 '첩'을 아내로 들여도 되는 분위기였지. 혼인한 아내를 본처 또는 정실부인이라고 부르고, 첩을 소실 또는 측실이라고 불렀어. 그러다 보니 처와 첩 사이에 갈등이 많아서 본처가 첩을 죽이는 일도 있었다고 역사 기록에 나와.

첩이 낳은 자녀도 어머니의 신분에 따라 다르게 불렀어. 평민 신분의 첩이 자녀를 낳으면 서자, 서녀라고 했어. '서(庶)'의 한자 뜻은 첩의 자식, 천하다 등 좋지 않은 의미야. 첩이 기생 등 천민 출신 여성이라면 그 자녀는 얼자, 얼녀라고 불렀어. '얼(孼)'이라는 한자에는 첩의 자손, 재앙, 근심, 천민, 사악하다 등 세상에서 가장 안 좋은 뜻은 다 들어 있어. 이렇게 서자와 얼자를 합쳐서 서얼이라고 하지. 참고로 본처가 낳은 자녀는 적자, 적녀라고 해.

대표적인 서얼 출신인 홍길동의 어머니도 기생이었으니 엄밀히 말하면 홍길동은 서자가 아니라 얼자야. 물론 춘향이도 어머니가 기생이었으니 얼녀가 되고, 어머니의 직업을 물려받아 기생이 되어야 해. 그런 까닭에 사또가 남원에 부임해서 잔치를 열었을 때 춘향이를 부를 수 있었던 거야.

서얼은 사회적으로 여러 가지 차별을 받았는데, 그중에서 가장 심한 것은 과거 시험에 응시할 수 없다는 점이었어. 왜 그렇게 했을까? 정실부인의 아들도 합격하기 어려운 과거 시험에 서얼이 합격하면 양반의 숫자가 늘어나 권력을 나눠야 하니 기회를 막아 버린 거야.

그러다 보니 서얼은 중인이 주로 보는 기술직인 잡과에 응시해서 통역하는 역관, 의학을 다루는 의관이 되기도 했어. 이런 차별과 사회적 제약으로 자신의 능력을 발휘하지 못해 좌절하는 서얼이 많았지.

그런데 놀라운 점이 하나 있어. 양반 사회에서는 서얼을 차별했는데, 왕실에서는 서얼 출신이 왕위에 많이 올랐어. 대표적으로 영조의 어머니는 천민인 무수리 출신이었잖아.

퀴즈를 하나 낼게! 본처의 아들인 적자가 없고 서자나 얼자만 있을 경우, 누가 재산을 물려받으며 집안의 대를 이었을까? 당연히 서자나 얼자가 친아들이니까 재산을 물려주고, 제사를 지내게 했을 거라고?

땡! 틀렸어. 이럴 경우 조선 양반들은 조카, 혹은 먼 친척의 아들을

양자로 삼아서 재산을 물려줬지.

하지만 이런 사회 분위기 속에서 유학자인 율곡 이이는 다른 선택을 했어. 이이에게는 적자는 없고 서자만 둘 있었는데 양자를 들이지 않고 서자가 대를 잇도록 했다고 해. 유학자인 회재 이언적도 적자가 없어서 양자를 들였는데, 서자인 이전인이 효자라서 재산을 나누어 줬어. 나중에 이전인의 아들들은 자신들의 재산으로 할아버지 이언적을 기리는 옥산서원을 세웠어. 하지만 정작 그들은 양반들의 반대에 부딪혀 그 서원에 들어갈 수 없었지.

조선 후기, 대표적인 실학자 중에는 서얼 출신이 많았어. '책만 보는 바보'라는 별명이 붙은 이덕무, 『북학의』를 쓴 박제가, 『발해고』를 쓴 유득공 등등 너무 많아서 다 적기도 어려워. 그들의 공통점은 서얼이라서 가난하게 살았고, 아무리 공부를 많이 해도 과거에 급제해 높은 벼슬을 할 수 없었지.

다행히도 정조가 이들의 실력을 인정해 규장각 검서관에 임명했어. 잡직인 검서관은 책을 검토하고 필사하는 일을 했는데 지금으로 치면 비정규직, 계약직이라고 할 수 있어.

이덕무가 남긴 글을 보면 검서관은 월급은 적고 야근이 많았나 봐. 책을 너무 봐야 해서 안질(눈병)에 시달렸다고 하소연했을 정도야!

박제가는 사신단 수행원으로 청나라에 다녀온 뒤 『북학의』를 썼어. 그 책에는 조선의 실상이 구체적으로 담겨 있을 뿐 아니라 어떻게 해야 조선 경제를 일으키고 부강한 나라가 되는지 그 방안도 제시했어.

서얼 출신 실학자들은 돈이나 권력과 거리가 먼 사회의 비주류라서 조선의 문제를 더 냉정하게 바라보았을 거야. 그래서 성리학보다 백성들의 삶을 바꾸는 실학에 더 집중했겠지?

하지만 그들의 앞선 생각을 국가 정책에 반영할 수 없었어. 신분제의 한계 때문에 뛰어난 인재들이 뜻을 펼치지 못하는 사회, 너무 안타깝지?

조선의 신분 제도를 살펴볼 때마다 세종 대왕이 얼마나 훌륭한 임금인지 알 수 있어. 양반들의 반대를 무릅쓰고 과감하게 노비 출신인 장영실에게 큰일을 맡겨 조선의 과학 수준을 크게 발전시켰잖아.

장영실은 어머니가 관청에 속한 기생이라서 그 또한 노비로 일했어. 어릴 때부터 물건 만드는 솜씨가 좋아 이름이 알려졌는데, 추천을 받아 태종 때 궁궐로 들어왔어. 이후, 세종은 장영실의 능력을 인정해 천문관 관리들과 함께 명나라에 가서 앞선 천문 기술을 배우고 오도록 지시했지. 그 덕분에 혼천의, 자격루 등 많은 것들을 발명해 조선의 과학 발전에 크게 이바지했어.

이런 업적 덕분에 장영실은 노비 신분에서도 벗어나고, 종3품 대호군까지 올랐어. 물론 양반들이 반발했지만 세종의 뜻을 꺾을 수 없었지. 과거 합격자를 인정하는 문과 중심의 사회에서 기술자의 능력을 우대해 더 의미가 커.

장영실 이후 조선에는 그를 뛰어넘는 과학자가 등장하지 않아 아쉬워. 어쩌면 장영실보다 더 유능한 과학자와 기술자가 있었지만 주목하지 않았을 수도 있어. 또 능력이 있어도 신분 차별을 받아 실력을 발휘하지 못했던 것일 수도 있고.

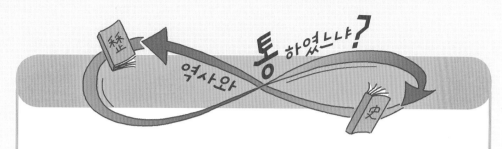

현대 사회는 노비도 없고, 양반이나 중인, 천민을 가르지도 않아. 그렇다고 신분 제도가 사라졌다고 할 수 있을까?

조선 시대처럼 법적으로 신분을 명확하게 나누고 차별하지는 않지만 부모의 경제력, 사회적 인맥이 그 자식한테 고스란히 이어져 내려와서 새로운 신분제가 생기고 있다고 비판하는 사람도 많아. 그것을 나타내는 말이 금수저, 흙수저야.

'금수저'는 타고날 때부터 경제적인 여유, 사회적 인맥이 있어서 많은 지원을 받을 수 있는 환경을 상징해. '흙수저'는 그 반대의 경우가 되겠지.

과거 우리 사회에서는 "하면 된다!" 이렇게 말하면서 노력하면 누구나 성공할 수 있다고 했어. 하지만 점점 빈부 격차가 심각해지면서 부모의 경제력이 자녀의 삶에 큰 영향을 미치고 있어.

예를 들어 누구는 고액 과외를 받고 학원을 많이 다니며 풍족하게 공부하고, 또 다른 누군가는 형편이 어려워서 문제집 한 권 사는 것도 어려울 수 있어. 이런 상황 속에서 형편이 어려운 학생이 대학 입시에 도전했으나 실패했을 때, 그 학생한테 노력이 부족했다고, 무능하다고 할 수 있을까?

특히 경제적인 상황이 너무 어려우면 의욕을 잃고 꿈을 포기하는 악순환에 빠지기도 해. 그래서 국가와 사회가 누구나 공부하고 도전할 수 있도록 제도적으로 도와줘야 해.

희망을 품고 노력할 수 있는 환경, 재능을 꽃피울 수 있는 사회를 만들어 줘야 그 사회는 더불어 발전할 수 있어. 함께 살아가는 사회, 잊지 마!

조선 시대에 귀화한 외국인이 있었다고 ?

한국 사회는 빠르게 다문화 사회가 되어 가고 있어. 우리나라 국적까지 취득해서 한국 사람이 되는 귀화도 늘고 있고. 그들 중에는 한국식 이름으로 바꾸려고 성씨를 새로 만드는 '창성'도 많이 한대. 궁, 깡, 떵, 길란을 비롯해 '김내가우리됨을', '알렉산더클라이브대한' 같은 긴 성씨도 있어. 지금은 이런 성씨들이 낯설지만 수십 년이 지나면 익숙해지겠지?

다문화 시대에 맞춰 성씨를 '베리핸섬똑똑한'으로 바꾸고 싶다고? 이름은 바꿀 수 있지만 특별한 사정이 없는 한 가족 관계 등록부에 오른 사람은 성씨를 바꿀 수 없어.

그런데 조선 시대에도 우리나라에 귀화해서 한국식으로 이름을 바꾼 사람이 있었대.

우리나라 역사를 보면, 그보다 더 먼 옛날부터 외국에서 온 사람들이 한반도에서 함께 살아갔어. 대표적으로 가야의 김수로왕의 아내 허황옥도 외국에서 왔다고 하니 다문화 가정인 셈이지.

신라 시대에도 많은 외국인이 국제 무역항인 울산항으로 들어왔어. 그들 중에는 신라에서 가정을 이루고 정착한 사람도 있었을 거야. 그 흔적으로, 원성왕의 무덤으로 추정하는 경주 괘릉을 지키는 무인석이 있어. 그 석상을 눈여겨보면 아랍인과 닮았지.

신라 공주가 페르시아 왕자와 혼인해 이란으로 시집을 갔다는 기록도 있어. 믿을 수 없다고? 그 이야기가 「쿠쉬나메」라는 이란의 역사 서사시에 남아 있잖아.

고려 시대에는 수도인 개경 옆에 있는 국제 무역항, 벽란도에서 무역이 활발하게 이루어졌어. 그때 외국인들이 고려를 코리아라고 불렀다고 해. 그 외국인 중에는 고려 여성과 결혼해 우리나라에 자리를 잡은 사람도 있었을 거야.

이런 상상이 터무니없지 않다는 근거가 있어. 성씨의 역사를 조사한 어떤 학자는 우리나라의 성씨 중 약 46%가 귀화 성씨라고 분석했어. 그런데 이런 개방적인 분위기가 조선 사회로 오면서 바뀌어.

조선은 백성이 다른 나라로 나가는 것뿐 아니라 외국인이 조선으로 들어오는 것 역시 금했어. 또 다른 나라와 자유롭게 무역도 하지 않았으니 당연히 외국인을 만날 기회가 없었어. 이런 닫힌 분위기에도 불구하고 다른 나라에서 온 사람이 조선에 자리 잡고 이름까지 바꾼 놀라운 일이 있었어.

먼저, 김충선 장군을 소개할게. 이분은 임진왜란 때 왜군 장수였어! 너무 충격을 받아서 입을 다물 수 없다고? 왜군 장수가 어떻게 조선인이 되었는지를 알려면 임진왜란 전 일본의 상황을 알아야 해.

수많은 세력이 힘을 겨루며 전쟁하던 일본의 전국 시대를 도요토미 히데요시가 통일했어. 그는 1592년에 임진왜란을 일으켰어. 부산으로 들어온 수많은 왜군이 빠르게 한양을 향해 진격할 때 도요토미 히데요시에게 반감을 품은 왜군 장수 사야가가 조총 부대를 이끌고 조선군에게 항복했어. 그는 왜군이 조선을 침략하는 뚜렷한 명분이 없다고 생각했지.

조선 조정에서는 사야가를 반기며 항복한 왜군이라는 뜻으로 항왜라고 불렀어. 그는 왜군들을 공격해 큰 업적을 세웠어. 또 조총과 화약 만드는 기술을 조선군에 전해서 국방력을 키우는 데 큰 도움을 줬어.

선조는 그를 높이 평가하며, '바다를 건너온 모래를 걸러 금을 얻었다'라는 의미를 담아 김씨 성을 내렸어. 또 '충성스럽고 착하다'라는 뜻을 담아 이름을 '충선'으로 하고 높은 벼슬도 내렸지. 전쟁이 끝나고 김충선 장군은 조선 여성과 혼인해 많은 자녀를 낳고 조선에 뿌리를 내렸어.

임진왜란 직후, 조선에는 만 명이 넘는 항왜가 있었다고 하니 그 후손들이 지금도 많을 거야.

네덜란드가 고향인 박연도 빼놓을 수 없어. 그의 원래 이름은 벨테브레야. 아차, 세종 때 활동했던 음악가와 이름이 같으니 착각하면 안 돼. 네덜란드 동인도 회사 소속인 그가 어떻게 해서 조선까지 왔을까?

벨테브레는 1627년 무역선을 타고 항해하다 풍랑을 만나 표류하여 제주도에 왔어. 제주도 관원들은 벨테브레 일행을 한양으로 보냈어.

고향으로 돌아가지 못한 벨테브레 일행은 군사 기관인 훈련도감에 배치되었어. 벨테브레는 조선에 폭탄 제조법과 군사 훈련 방법을 전해 줬고, 병자호란 때 큰 업적을 세웠어.

조선 정부는 벨테브레에게 포상한 후, 박연이라는 이름도 내렸어. 그렇게 정식으로 무관이 된 그는 조선 여성과 혼인해 조선에 정착하였지.

한참 시간이 흘러서 제주에 네덜란드 선원인 하멜 일행이 표류했어. 이때 박연이 통역했는데, 고향을 떠난 지 30여 년이 흘러 네덜란드 말을 많이 잊어버렸다고 해. 어느 역사 기록을 보면 박연은 하멜 일행이 네덜란드 사람인 것을 알고 '옷깃이 다 젖을 때까지 울었다.'고 전해.

조선을 세울 때 크게 기여한 사람 중에도 귀화인이 있어.

1380년, 이성계가 고려를 괴롭히던 왜구를 소탕할 때 함께 공을 세운 사람이 있으니, 바로 이지란이야. 그는 원래 여진족 출신이야.

이성계의 고향이 함경도 함흥이라 원래부터 여진족과 접촉이 잦았어. 이성계는 그 지역을 완전히 장악하려고, 북청(청해)으로 이주해 온 이지란과 손을 잡았어. 이후 두 사람은 의형제를 맺었지. 이성계는 이지란을 자신의 처조카와 혼인을 맺어 주기도 했으며, 이씨 성도 하사하여 청해 이씨의 시조가 되었어.

예로부터 이렇게 우리나라에 많은 외국인이 찾아왔다니 놀랍네! 알고 보니 우리나라는 옛날부터 다문화 사회였어.

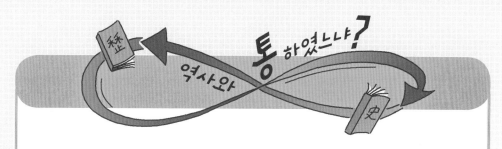

'단일 민족'은 단일한 인종으로 구성되었다는 뜻으로 같은 핏줄과 혈연을 강조해.

우리나라는 '세계사에서 보기 드문 단일 민족 국가'라고 했는데 알고 보니 먼 옛날부터 많은 외국인들이 들어와 오랫동안 자리를 잡고 살아왔어.

요즘 우리 사회는 어떠할까?

법무부에서 발표한 '출입국자 및 체류 외국인 통계 자료'를 보면 한국에 체류하는 이주민은 2023년 12월 기준, 250만 8000명이야. 이주 노동자, 결혼 이민자, 유학생, 외국 국적 동포, 귀화자, 이주민 자녀 등을 포함한 숫자야.

물론 앞으로 국내에 거주하는 외국인의 비중은 계속 증가할 거야. 외국인 유학생 수도 점점 늘어 2024년에는 20만 명을 넘어섰어. 정부는 2027년까지 외국인 유학생 30만 명을 유치하여 세계 10대 유학 강국으로 도약하는 걸 목표로 하는 정책을 준비하고 있어.

2024년에는 '외국인 가사관리사 사업'에 참여한 필리핀 여성들이 우리나라에 들어왔어. 그들은 육아와 가사를 도우면서 우리나라 사람들과 만나.

요즘 인구가 줄면서 외국인 노동자가 더 많이 필요해졌어. 또 출생율이 점점 낮아져 미래에 국가가 사라질 위기에 처할 수도 있다는 무서운 예측까지 쏟아지고 있지. 그런 까닭에 외국인을 더 많이 받아들여 저출생 문제를 해결해야 한다는 주장도 있어.

역사적으로 우리나라는 원래 다문화 사회였다는 점을 생각하면서 앞으로 외국에서 온 사람들과 소통하며 갈등 없이 잘 살아갈 방법을 고민해야 할 때야.

조선 시대에도 in 한양!

우리 사회가 해결해야 하는 사회 문제 중에 어떤 것에 관심이 많아? 입시 위주 교육? 사회 양극화 현상? 청소년들한테는 무엇보다도 입시 문제가 가장 심각하겠지?

여러 가지 해결해야 할 사회 문제가 많겠지만 저출생과 수도권 집중 문제도 반드시 해결 방법을 고민해야 해. 특히 수도권 집중 문제는 청소년들이 대학교 입시를 준비할 때 'in 서울' 가능 여부를 논하며 그 심각성을 뼈저리게 느끼잖아.

그렇다면 조선 시대 때는 'in 한양'을 강조했을까?

먼저 정약용이 아들한테 보낸 편지를 소개할게.

우리나라는 도성에서 몇십 리만 벗어나도 태고의 원시 사회가 되어 있으니, 더구나 멀고 먼 외딴곳이야 말할 게 있겠는가? (중략) 빨리 한양에 의탁해 살 자리를 정하여 문화의 안목을 떨어뜨리지 않아야 한다. (중략) 뒷날의 계획은 오직 한양의 십 리 안에서 거처하는 것이다. 만약 가세가 쇠락하여 도성으로 깊이 들어가 살 수 없다면 모름지기 잠시 근교에 머무르며 과수를 심고 채소를 가꾸어 생계를 유지하다가, 재산이 좀 넉넉해지기를 기다려 도심의 중앙으로 들어가더라도 늦지는 않을 것이다.

이 편지를 읽는 순간 다들 깜짝 놀랐을 거야. 한양을 향한 조선 사람의 열망이 요즘 사람의 서울을 향한 열망과 비슷하지? 더 놀라운 점은 이 편지를 쓴 사람이 조선 후기 실학자 정약용이라는 거야.

그러면 정약용은 왜 이런 편지를 아들에게 남겼을까?

그는 경기도 남양주에서 태어나 어린 시절을 보내고 한양에 와서 성균관에서 쟁쟁한 선비들과 교류하며 학문의 폭을 넓혔지. 특히 과거 급제 후 정조의 지지를 받아 많은 업적을 남겼어. 지금으로 치면 수도권에서 나고 자라면서 문화적 혜택을 누리며 사회적 성취를 이뤘다고 볼 수 있지.

정약용은 정조가 죽고 난 뒤 정치적인 이유로 지금의 경북 포항과 전남 해남 등에서 오랜 세월 동안 귀양살이를 했어. 그때 한양과 지방의 문화 격차를 느꼈을 거야. 그가 얼마나 충격을 받았으면 '도성에서 멀어질수록 문명의 격차가 너무 커서 원시 사회 같다.'라고까지 표현했을까?

지금은 교통, 인터넷 등이 발달해 수도권과 지방의 문화 격차가 많이 해소되었어. 하지만 조선 시대에는 교통과 통신 수단이 마땅치 않아 백성들이 한양에 가거나 그곳 사람들과 이야기할 일이 거의 없었어.

옛날이나 지금이나 사람이 많을수록 다양한 문화, 생각, 정보가 생겨나는 법이잖아. 그 속에서 서로 교류하다 보면 자극도 받고, 생각을 더 키우며 발전할 수 있게 되고. 반면 사람이 적은 곳, 변화가 없는 곳에 살면 세상을 새롭게 바라볼 자극이 없어서 자신한테 갇힐 수 있어. '우물 안 개구리'가 된다는 말이 괜히 나온 것이 아니겠지?

in 한양이 왜 중요한지 알려 주는 역사 기록을 더 소개할게.

지금의 경북 선산에서 태어나 정조 때 무과에 합격한 노상추가 쓴 일기를 보면 지방에 살면서 겪는 서러움이 구체적으로 나와.

먼저, 과거를 보러 한양까지 가는 데 시간이 오래 걸리고, 올라가는 비용이 많이 든다고 적고 있어. 그뿐만 아니라 그곳에서 먹고 자는 데 돈이 엄청 많이 든다고 하소연해. 그의 일기를 보면 '논 9마지기, 밭 90마지기, 돈 50냥이 10년 과거 준비에 모두 들어갔으니 앞으

로 굶어 죽는 것을 면하기 어려운 것인가.' 이렇게 한탄을 해.

그것보다 더 큰 문제는 특별 과거 시험인 별시가 있어도 지방에서는 정보가 부족해 그 사실을 알지 못했다는 거야. 식년시는 3년에 한 번 시험을 치르는데, 별시는 갑자기 열렸거든. 또 정보를 알았다고 하더라도 한양까지 올라가기 어려워서 시험을 볼 수 없었지.

더 안타까운 일은, 어렵사리 한양까지 시험을 보러 갔는데 갑자기 과목이 바뀐 거야. 그때 그의 마음은 어떠했을까? 이렇게 지방 거주 수험생의 설움을 뼈저리게 느꼈던 노상추는 다행히도 10년 만에 무과에 합격했어.

조선 시대 문과 합격자의 출신 지역을 분석해 보면, 3명 중 1명꼴로 한양 출신이 많았어. 과거 시험은 이렇게 지방 출신에게는 절대적으로 불리했어.

조선 시대 한양의 집값도 궁금하다고?

한양은 조선 500년간 수도로서 임금과 고위직 관리가 모여 살았어. 그러니 당연히 관리들도 과거에 합격해 한양에 살기를 바랐지. 그래야 승진이 빠르잖아. 지방에는 없는 의료 시설도 있고, 음악 기관인 장악원, 그림을 전문으로 하는 도화서 등 궁중 예술 기관이 총집합해 최고의 전문 예술인들이 모여 있어 문화 수준도 높았어. 그리고 상업이 발달해 일자리도 많았어. 이런 까닭에 다들 한양으로 몰려들었고, 당연히 집값도 비쌌지.

『조선왕조실록』을 보면 인종의 아내인 인성 왕후의 어머니 즉 왕의 장모가 가난해 남의 집에 세 들어 살았어. 왕이 집을 사라고 면포 10동을 보냈어. 그것을 2022년 물가로 환산하면 10억쯤 된대. 물론 그 집은 아주 좋은 집이었을 거야.

결론적으로 세자빈을 배출한 명문가에서도 집이 없을 만큼 한양의 집값이 비쌌다는 뜻이야. 지금의 경북 안동이 고향인 퇴계 이황도 한양으로 올라와 성균관 대사성(국립대 총장)을 했는데 남의 집을 빌려서 살았대.

몹시 가난한 사람들은 한양이라고 일컫는 사대문 안에 들어오지 못하고, 한강 근처에 판잣집을 짓고 살았어. 주거 환경이 좋지 않은데도 사람들은 한양으로 몰려들었어.

조선 시대와 비교하면 요즘은 교통수단이 발달하고 인터넷 등 통신 기술도 좋아져 지역 간 문화 격차가 많이 줄어들었어. 그런데도 왜 사람들은 'in 서울'을 외치며 수도권으로 가려는 것일까?

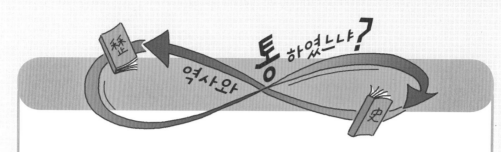
역사와 통하였느냐?

지방에 사는 청소년 중에는 금요일 오후에 서울로 와 주말 동안 입시 학원, 예체능 학원에서 공부하고 일요일 밤에 집으로 돌아가는 청소년이 많다고 해. 비수도권 지역에서는 입시 정보가 부족하고 미술, 음악 등 예체능을 깊이 있게 배우기 어려워서야. 특히 취업이 잘되는 대학이나 학과들이 서울에 몰려 있으니 많은 청소년이 수도권 대학을 원하지.

어떤 청소년들은 뮤지컬, 콘서트, 전시회 등을 지방에서 쉽게 접할 수 없어서 서울에 살고 싶다고 해. 이삼십 대 청년들은 비수도권 지역에 일자리가 없어서 서울로 향하지. 배달을 전문으로 하는 노동자도 서울이 일거리가 훨씬 많아서 다른 지역보다 수입이 높다고 해. 병원 진료를 받으러 서울로 가는 사람도 많아. 돈이 많이 들지만 의료 수준이 높으니 어쩔 수 없다고 해.

이런 여러 가지 이유로 국민의 절반이 좁은 수도권에 살고 있지.

그러다 보니 여러 문제가 생기기 마련인데, 먼저 집이 부족해 월세 등 주거 비용이 계속해서 올라가. 월급을 받아도 월세와 생활비로 대부분 나가서 저축할 수 없지. 이렇게 경제적으로 어려워지면서 결혼을 포기하거나, 결혼하더라도 아이를 갖지 않는 경우가 늘고 있어. 결국, 저출생으로 이어져서 국가 존립을 우려해야 하는 상황이 벌어지고 있어.

또 다른 문제는 비수도권 지역의 인구가 줄면서 지역이 사라질 위험에 처했어. 2047년에는 전국 시군구의 68%가 소멸할 수 있다는 무서운 연구 결과도 있어.

이제 비수도권 살리기는 국가를 지켜 내는 필수 사항이야. 국가, 사회, 국민이 머리를 맞대고 'out 서울'을 외치도록 노력해야 할 때야.

작가의 말

어릴 때부터 역사책을 즐겨 읽었다. 하지만 『난중일기』는 읽을 엄두가 나지 않았다. 이순신 장군이 얼마나 용감하고, 애국심이 투철한지 구구절절 지루하게 담아냈을 것 같은 선입견이 있어서 손이 가지 않았다.

십 년 전, 『난중일기』를 읽었다. 그런데 예상과 다른 장군의 인간적인 모습에 반해 버렸다. 이순신 장군의 재발견이었다.

장군은 언제나 용감한 줄 알았는데 그렇지 않았다. 예민하고, 걱정이 많았고, 아무도 없을 때 자주 울었다. 마음이 여린 탓에 스트레스를 받으면 오랫동안 심각한 불면증에 시달렸고, 다한증과 배탈도 심했다. 이순신 장군은 누구나 공감할 수 있는 지극히 평범하고 여린 사람이었다.

이렇게 잠을 이루지 못하고, 병에 시달려 몸과 마음이 힘든데도 전쟁터에 나가 용감하게 왜군을 무찌르는 모습을 상상하니 울컥했다. 이순신 장군이 더없이 훌륭하게 느껴져 감탄했다.

지금도 마음이 스산하면 책장에 꽂혀 있는 『난중일기』를 꺼내 책장을 넘기곤 한다. 그러면 왠지 이순신 장군이 나에게 힘내라고 어깨를 다독거리는 듯한 기분이 든다.

『난중일기』를 읽으면서 왜 역사책을 읽어야 하는지 새삼 깨닫게 되었다. 그리고 우리가 잘못 알고 있거나 오해하고 있는 역사적 사건, 혹은 인물이 있을 것 같아 더 찾아보았다. 그렇게 해서 널리 알려지지 않은 조선의 흥미로운 풍경, 인물들을 이 책에 담을 수 있었다.

청소년에게 역사는 암기해야 하는 것들이 많아 머리가 지끈거리는 과목일 것이다. 시험을 봐야 한다는 부담을 버리고, 역사적 사건과 인물에 집중하면서 저럴 때 나는 어떻게 했을까, 질문해 보면 어떨까? 그러면 역사가 흘러간 옛날의 일이 아니라 지금 내가 겪고 있거나, 혹은 앞으로 겪게 될 일처럼 생생하게 다가올 것이다.

예를 들어, 조선 시대 최고 교육 기관인 성균관에서도 학교 폭력이 있었고, 유능한 관리를 선발하는 과거 시험에서도 비리가 많았다. 아름다워지고 싶다는 욕망이 과해서 재산을 탕진하거나 심지어 목숨을 잃은 사람도 있었다. 그뿐만 아니라 조선 시대에도 많은 사람들이 집값이 비싼 'in 한양'을 외쳤다.

조선의 모습과 요즘 우리 사회의 모습이 너무 닮아 놀랍고, 또 안타깝다. 이럴 때 흔히 역사는 반복된다고 말한다. 사실은 사람들이 이런 행동을 반복하는 것이다.

역사책을 읽으면서 나를 많이 돌아본다. 나는 괜찮은 사람인가? 나는 바르게 살고 있나? 다른 사람에게 피해를 주며 사는 것은 아닐까? 등등 많은 생각을 하도록 이끌어 준다. 더 나은 사람이 되기 위해 앞으로도 역사책을 꾸준히 읽으려고 한다.

이 책을 쓰면서 가장 큰 수확은 대동여지도를 만든 고산자 김정호 선생에 관한 자료를 찾았다는 점이다. 상당히 매력적인 인물이라 앞으로 더 깊이 공부해 보고 싶다.

선뜻 출간을 결정하고 원고를 꼼꼼하게 살펴 주신 이금정 편집장님, 마음이음 출판사, 오래전부터 글쓰기의 가치를 인정하고 격려해 준 상윤, 아란 선배, 원고를 함께 고민해 준 정명 선생님한테도 고마움을 전한다.

문부일

자료 출처

도서

『강빈』 박정애, 예담

『과거시험이 전 세계 역사를 바꿨다고?』 이상권, 특별한서재

『기업가 문익점』 윤동한, 가디언

『난중일기』 이순신, 송찬섭, 서해문집

『다른 게 나쁜 건 아니잖아요』 SBS스페셜제작팀, 꿈결

『도자기로 본 세계사』 황윤, 살림

『땅의 역사4』 박종인, 상상출판

『발칙한 조선인물실록』 이성주, 추수밭

『북학의』 박제가, 서해문집

『역사 인터뷰, 그분이 알고 싶다』 문부일, 다른

『역사책에 없는 조선사』 이상호, 이정철, 푸른역사

『우리는 투기의 민족입니다』 이한, 위즈덤하우스

『제주바당 표류의 기억』 진선희, 민속원

『조선 부자 16인의 이야기』 이수광, 스타리치북스

『조선 최고의 개발자 김정호』 이기봉, 덕주

『조선의 공무원은 어떻게 살았을까?』 권기환, 인물과사상사

『조선의 살림하는 남자들』 정창권, 돌베개

『조선의 지도 천재들』 이기봉, 새문사

『조선직업실록』 정명섭, 북로드

『표해록』 최부, 서해문집

『하멜표류기』 헨드릭 하멜, 서해문집

신문 기사

경향신문, 선조의 언론 탄압... '100일 천하'로 끝난 조선 최초의 신문

경향신문, 수은·납이 함유된 옹주의 화장품, 거기에 개미 수천만 마리까지?

경향신문, [이기환의 흔적의 역사] 하멜이 박연을 만났을 때

경향신문, [전우용의 우리 시대] 이기적인 전문가 시대

경향신문, 족쇄와 열쇠-조선의 책 이야기 시리즈

국민일보, 소금 범벅 짬뽕 밀키트 그대로 둘 건가요

국민일보, [청사초롱] 조선시대 점심시간 풍경

뉴시스, 화장하는 10대들

더스쿠프, 고소 남발의 시대... 피해자가 피의자 되는 고약한 세상

동아일보, 영조 이후 문과 급제자, 한양 다음 평안도 많아

동아일보, [오늘과 내일/이진영] EU 출산율 1위국 사교육 참여율은 15%인데...

딴지일보, 조선 직장인의 삶, 유희춘 편:왕의 1타 강사는 왜 횡령의 유혹에 빠졌나

백세시대, [인문학 여행 역사의 길을 걷다 29] 최부의 '표해록', "동방견문록 능가하는 최고의 중국 기행문"

법률신문, 반복의 역사, 과거(科擧) 부정과 입시 부정

서울경제, 매년 시조 7,000여 명 탄생... 귀화 늘며 새로운 성씨·본관 봇물

서울신문, [근대광고 엿보기] 납중독 소동 일으킨 '박가분' 광고

세계일보, "학부모 등골 휜다"...사교육비 27조 원 쓴 대한민국

시사저널, 백성은 수군을, 수군은 이순신을 믿었다

시사저널, 사형 대신 평생 감옥에? '절대적 종신형'의 손익계산서

신동아, 수만 백성 살린 '숨은 허준' 많았다

아시아경제, [허진석의 몸으로 쓰는 이야기] 고복격양

아시아투데이, [김영인의 '여의도雜說'] 서민들의 다이어트

연합뉴스, "1577년 발행 조선 첫 상업신문 조보는 선조가 강제 폐간"

오마이뉴스, 고문이 합법이었던 조선시대... 임금도 두려워했다

오마이뉴스, 시대정신을 담고 있는 경주 최부자집 이야기

인천일보, [新외모지상주의] 성형공화국의 그늘

조선멤버스, 직업만족도 1위 판사... 옛날에는 누가 했을까

조선일보, [박종인의 땅의 歷史 - 212] 극적이고 불우했던 소현세자 부부의 일생

중앙선데이, "잡티 없어져 얼굴 고와집니다" 박승직 상점 '박가분' 열풍

코메디닷컴, 비만, 스트레스... 조선 왕들이 단명한 원인4

한겨레, 고소득 좇아서... 적성 불문 성적만 되면 의대로

한겨레, 18세기 조선 최고의 만능 과학자는?

한국일보, 분원리 조선백자 도자 가마터, 도자 고고학의 출발지

한국일보, 실학자와 홍어장수의 만남... 모래언덕 고운 그 섬에 표류하고 싶다

헤드라인뉴스, 조선사 최초의 여성 CEO 소현세자빈 강씨

방송

EBS 역사채널e, 지도의 판을 바꾸다, 정상기의 동국지도

EBS 지식채널, 조선의 국가고시 무관

JTBC News, 조선의 혹독한 신고식 '면신례'... 정약용도 피할 수 없었던 갑질?

KBS 역사스페셜, 독락당 어서각은 왜 굳게 닫혀 있었나

KBS 역사스페셜, 목화씨 한 톨 세상을 바꾸다

KBS 역사스페셜, 조선 무관 노상추, 그가 남긴 68년간 기록

KBS 역사스페셜, 조선시대, 우리는 하늘을 날았다

KBS 천상의컬렉션, 최천약_ 경신척

YTN, [역사맛집] 조선시대에도 그루밍족이?! 뿌리 깊은 K-뷰티의 역사

인터넷 사이트

네이버 지식백과 / 다음 지식백과 / 나무위키

특허청 공식 블로그 https://blog.naver.com/kipoworld2